AF436084

رمادُ البنفسج

مجموعة قصصية

شريفة بدري

رمادُ البنفسج

مجموعة قصصية

إصدارات دائرة الثقافة، حكومة الشارقة 2024م

الناشر: دائرة الثقافة ـ حكومة الشارقة ـ الإمارات العربية المتحدة

الهاتف: 5123333 6 971+

البرَّاق: 5123303 6 971+

الموقع الإليكتروني: www.sdc.gov.ae

البريد الإليكتروني: sdc@sdc.gov.ae

تصميم الغلاف: ضياء الدين الدوش

____

813.01
ب ش. ر   بدري، شريفة
رماد البنفسج / شريفة بدري.ـ الشارقة، الإمارات العربية المتحدة : دائرة الثقافة، 2024.
80 ص؛ 21X14 سم.
البحث الفائز بالمركز الأول بجائزة الشارقة للإبداع العربي في مجال القصص ، الإصدار الأول، الدورة 27،
.2023
1. القصص العربية القصيرة – تونس
2 – القصص العربية القصيرة
أ. العنوان
ب. جائزة الشارقة للإبداع العربي (27، 2023)

ISBN: 978-9948-762-850

رهاب المرتفعات

لا يمكن أن يكون صوتَ رصاصٍ هذا الذي شجّ سكينة الجبل. لا أحد يطلق الرّصاص على حبل كهذا. فالذي دلّني على الجبل كان واثقاً ممّا يقول، ولم يحذّرني أبداً من بنادق الصّيادين.

قال لي يومها بصوته الجبلي:

ـ عليك أن تصعدي حتّى تعثري عليها.

قلت:

ـ على ظهري أحمال كثيرة. لا يمكنني الصّعود.

ألقى نظرة سريعة على حقيبة الظّهر المكتظّة بالمشاغل اليوميّة السطحيّة. وبلا مبالاة، دفعني بكلتا يديه.

لم يسمح لي بطرح الأسئلة المتزاحمة في ذهني. لماذا عليّ أن أعثر عليها؟ ولماذا اختارت قمّة الجبل بالذّات؟ ما بها ضفافُ الأنهار مثلاً، أو رحاب الغابات؟

تقدّمت نحو الجبل بخطى مترددّة. سرت في سفحه مهتدية بأهازيج الرّعاة ومأخوذة بروائح النّبات البرّي. وتحت أشجار

الصّنوبر عكفت زمناً طويلاً على صناعة حبل متين من الكلمات، كتلك الحبال التي يحتاجها متسلّقو الجبال المحترفون.

بدا الصّعود في البداية سهلاً، فثمّة طرق متعرّجة ذلّلتها أقدام كثيرة، ثمّ صار أصعب ممّا ظننت. ففكّرت في التّراجع، لكنّ نظراته الغاضبة قاطعتني. رميت الحبل مرّات ومرّات، ولم أنجح إلاّ في مرّات نادرة في تثبيته بإحدى صخور الجبل.

قَرَص الجوع معدتي فجأة، فبحثت عن محلّ لبيع الوجبات السّريعة. لم أهتمّ إن كانت خالية من التّشابيه والاستعارات وشطحات البلاغة. لم أجد محلّاً واحداً، وكان ذلك بديهيّاً. ماذا يفعل محلّ وجبات سريعة في جبل؟!!

لمحني بائع فواكه فاتّجه نحوي. قلت:

ـ ربّما هذا أفضل من لا شيء.

طلبت تفّاحاً. صرخ البائع عندما غادرتُ دون أن أدفع الثّمن، ثمّ نظر إليّ بريبة لمّا أخبرته معتذرة أنّني كنت أفكّر في طريقة أتسلّق بها ما تبقّى من الجبل، لأعثر على الدّهشة. سألته بعد ذلك:

ـ كيف صعدت إلى الجبل بهذه العربة الثّقيلة؟

ضحك بهستيريّة وسأل بدوره:

ـ وكيف صعدتِ أنت؟

أشرت إلى الحبل في يدي. هل ضحك البائع؟ لم أعد أذكر. ولكنّني أذكر أنّني التقيت بجدّتي عدّة مرّات في رحلة

صعودي، وأذكر رائحة الأطعمة الشّهيّة التي كانت تنبعث من موقدها الصّغير.

أحياناً كنت أجدها تسقي شجيرات الشّيح والإكليل، أو تجلس في فناء بيتها منهمكة في إعداد أشرطة طويلة من الفلفل الأحمر، فأساعدها في تعليقها على واجهة البيت حتّى تجفّ، فتتدلّى كقلائد ضخمة. وأحياناً كنت ألمحها تحت شجرة الخرنوب الوارفةِ تحوّل الصّوف إلى خيوط رفيعة بمهارة مذهلة، وحَذْوها كانون يتوهّج جمره، وقد فاحت منه رائحة الشّاي عتيقة زكيّة.

لم أسألها لماذا انتقلت للعيش هنا، ولم تسألني بدورها عمّا أفعل في الجبل.

ـ لا تبتعدي أكثر ممّا يجب، وإلّا شَكَوْتُك إلى أبيك.

بهذه الكلمات كانت تودّعني في كلّ مرّة، معتقدةً أنّني ما زلت حفيدتها ذات العشر سنوات. وحين كنت ألتقي بها بعد ذلك وقد اتّسخت ملابسي وفاحت منها رائحة الأعشاب البرّية، كانت تناولني ما خبّأت لي من حلويّات، ناسيةً تماماً أمرَ وعيدها.

لم أفهم كيف استطاعت جدّتي أن تبدّل مكان إقامتها باستمرار، هل كانت تنقل بيتها على ظهرها أم تبني بيتا شبيها به؟

في رحلتي تلك، وجدتُ أيضاً صِبْيَة في عمر الورد متجمهرين، وكانت السّماء تنذر بعاصفة وشيكة حينها. ماذا يفعل هؤلاء الصّبية في خصر الجبل؟ وكيف وصلوا إلى هنا بأجسادهم الغضّة وهذه الحقائب الثّقيلة على ظهورهم؟

فاجأتني تحاياهم القلبيّة، ورأيت في عيونهم دهشة الحرف الأولى وهي تفلت من غبار الطّباشير، والأناشيد وهي تُورق تحت سور المدرسة العتيق. ابتسمتُ لمّا أحاطوا بي وفي أيديهم باقات الأزهار البرّيّة.

- أنتم تعرفونني إذاً؟

- وفي انتظارك أيضاً.

لم يمهلوني حتّى أخبرهم أنّني مشغولة بتسلّق الجبل. فقد اصطفّوا في نظام أمام باب عرفت بعد ذلك أنّه باب الفصل، وأدركتُ أنّ ساعة الدّرس قد حانت.

فتّشت عن الحبل بعد أن غادروا جميعاً. كان يتأرجح ويراقص الرّيح، فازداد حقدي على الدّهشة، وقرّرت أن أنتظر هدوء العاصفة التي ارتجلتها.

قمت بجولة حذِرة في الكهوف القريبة محاوِلةً اختصار الرّحلة، فقد يخطر ببالها أن تختبئ داخل أحدها. من يدري ما الذي يمكن أن يجول ببال دهشة؟!

استوقفني أبي. لم أستغرب رؤيته في الجبل. فذاكرتي تؤكّد لي أنّ أبي كان صيّاداً ماهراً وكان من هُواة تسلّق الجبال. ولكنّ سؤالاً طارئاً أربكني: ماذا يفعل أبي في جبلٍ كهذا خال من الطّرائد الحيوانيّة؟

دعاني إلى تبادل أطراف الحديث معرّجاً على العمل والأهل والأصدقاء.

هممت أن أقول:

ـ أنا مشغولة كما ترى يا أبي.

ثمّ تراجعت، فقد كان ذلك متعارضاً مع برّ الوالدين.

مددت له يدي التي غطّتها الخدوش. فلم يبد عليه أنّه شاهد تلك الخدوش وهو يجذبني إلى شرفته.

لا أدري لماذا لم يستغرب أبي وجدّتي والصِّبية وبائع الفواكه من رؤيتي أتسلّق جبلاً. تُراهم لا يرون الجبل؟ والحبل المتين، لماذا لم يثر انتباه أحد؟!

لم تهدأ العاصفة، ومع ذلك كان عليّ أن أواصل البحث. لن تنتظر الدَّهشة حتّى يصبح الجوّ ملائماً. هذا ما نبّهني إليه صاحب الصّوت الجبلي.

تأرجحتُ، وتأرجحتْ العوالم تحتي. ولكنّني تشبّثت بالوصول.

أدركتها أخيراً. لم أتمكّن من رؤية وجهها، فقد كنت خلفها بأمتار. لا بدّ أنّها هي، جلوسها في الأعلى مغمورة بالضّباب، وشعرها المتدلّي كخيوط الذّهب، وثوبها المسكون بالعبق البرّي، وتحديقها المفرط في اللّاشيء. كلّها أشياء تدلّ على أنّها هي. وقلت:

ـ سأسمّيها عروس الجبل.

فجأة، تجمهر الصّيّادون في الأسفل. وصلتني أصواتهم التي تشبه المطارق:

ـ انظروا هذا الصّيد الثّمين، إنّه وعل نادر بلا ريب.

- لا يبدو وعلاً، ربّما هو براق أو حيوان لم نر مثله من قبل.

- لنصعد بحذر، وسنعرف قريباً ما هو هذا الشّيء.

- مهلاً، مهلاً، امرأة تحاول الاستحواذ على صيدنا.

- لا يمكن أن تصل إلى هناك دون مساعدة أحد.

- إنّها تستعين بحبل متين.

- اصمت. لا بدّ أن نشيع أنّ أحداً ما ساعدها. هذه حجّتنا حتّى نحصل على الوعل.

أشرت إلى حذائي المتآكل والرُّضوض الكثيرة في القدمين والسّاقين. واستنجدت ببائع الفواكه الجوّال، بجدّتي التي حذّرتني مراراً من الابتعاد، بالصّبية العائدين من مدارسهم، بأبي الجالس في الشّرفة يشرب شايا، ويتبادل أطراف الحديث مع ابنة مستعجلة، فلم يتذكّر أحد أنّه رآني أتسلّق الجبل.

- لا بدّ من منعها.

- نقذفها بالحجارة.

- بل نطلق النّار على الحبل الذي تتشبّث به.

لا أتذكّر الآن شيئاً ممّا حدث بعد ذلك. أتذكّر فقط صوت الرّصاص الكثيف الذي ينبعث من كلّ الجهات. وأتذكّر أنّني حين صادفت صاحب الصّوت الجبليّ في الأسفل تحسّست نُدبة أبديّة في قلبي اسمُها رهاب المرتفعات.

أقفاص

إذا صادفتكم هذه القصّة مسموعةً أو مكتوبةً، فاعلموا أنّ أحداً ما غيري قام بنشرها. فقد تراجعت عن ذلك لأسباب ستعرفونها بعد قليل.

قبل موعد خروجي إلى العمل بدقائقَ، طرقت امرأة أربعينية بابي. ما كدت أفتحه حتّى دلفت إلى الدّاخل، وقالت بصوت متفجّع:

- اختفى عقدي الذي ورثته عن أمّي هذه المرّة. هو من فعلها بالتّأكيد. هو من باعه.

هدّأتُها وأنا أكتم انزعاجي:

- اهدئي، ربّما نسيت المكان الذي خبّأت فيه العقد.

- لا، لا، لم أنس. إنّه في مكانه المعتاد في غرفة النّوم.

- لا أظنّ أنّه يجازف ببيعه هذه المرّة بعد العقاب الذي لحقه في المرّة الفارطة. هل فتّشت جيّداً؟

- فتّشت كلّ شبر في البيت. لم أنم طوال اللّيل.

- فتّشي أكثر قبل أن نتّهم الرّجل.

ـ أنا متأكّدة. هو من باعه. لقد عاد من العاصمة مساءً على متن شاحنة تقوم بخدمة التّوصيل. حين توقّفت الشّاحنة ظنننته أحضر لي أخيراً غسّالة الملابس التي وعدني بها. تعرفين أنّ لديّ حساسيّة من مواد التّنظيف. تخيّلي ماذا أنزل من الشّاحنة.

توقّفت المرأة عن الكلام وأفسحت المجال لنشيجها المسترسل، بينما بدأ التّشنّج يتسرّب إليّ لأنّ لحظة خروجي إلى العمل قد حانت. ثمّ واصلتُ:

ـ أنزل نسخاً من مجموعته الشّعريّة الجديدة وهو يكاد يطير من الفرح دون مبالاة بصدمتي. من أين أتى بتكلفة الطّباعة وهو الفقير المعدم؟ تعرفين أنّ دور النّشر رفضت نشر مجموعته، فلم يبق أمامه من خيار غير النّشر على نفقته الخاصّة.

ـ ذكّريني باسمه.

ـ أبو البقاء يا سيّدتي، أبو البقاء.

قلت لها وأنا أمدّ يدي إلى حقيبتي اليدوية وأستعدّ للخروج:

ـ حسنا. أحضري لي نسخة من المجموعة الشّعريّة وسأتصرّف.

فشكرتني، واعتذرت عن الإزعاج وانصرفت.

اضطررت إلى عبور عدّة أنهُجٍ قبل أن أعثر على أوّل سيّارة أجرة لتقلّني إلى المكتبة العموميّة حيث أعمل. نزل المطر البارحة فتراكمت البِرَك في أنهُجِنا، ولن يجازف سائقو سيّارات الأجرة بالدّخول إلى هناك قبل أن تتقلّص رقع البرك.

في المكتبة كنت أفكر في أمر المرأة وزوجها. لماذا لم أبحث

لهما على الأقلّ عن مسكن بعيد عن مسكني حتّى لا تزعجني بشكواها كلّ يوم؟ إنّه كسل المخيّلة بلا ريب.

ثمّ كيف ورّطتها وأقنعتها بالزّواج من شاعر غريب الأطوار؟

ماذا يحسب نفسه هذا الشّاعر؟ يقوّض سير الأحداث ويتمرّد عليّ. يسطو مرّة أخرى على ذهب زوجته، ويذهب إلى العاصمة وينشر كتابه دون إذني. كيف يكتب مجموعة شعريّة دون أن أشارك في كتابتها؟ كيف يعرضها على دار نشر مجهولة دون استشارتي؟ كيف تصدر مجموعة شعريّة لشخصيّة من شخصيّاتي دون علمي؟ يريد أن يمرّغ سلطاني في التّراب؟! هذه المرّة سألقّنه درسا وسأجعله عبرة لمن يعتبر.

بعد خروجي من العمل ذهبت للبحث عن أحد الحدّادين. اعترضني حدّاد قصّة "إيميل زولا" فطلبت منه أن يصنع لي قفصاً بحجم خزانة ملابس في الحال. وبحثت عن قصّاص الأثر في قصّة "كامل الكيلاني". وجدته يلعب الشّطرنج مع أبيه، فطلبت منه أن يقتفي أثر أبي البقاء ويستعين ببعض معارفه كي يأتوني به قبل حلول المساء.

عندما عدت من العمل، وجدت المرأة تنتظرني عند مدخل البناية والمجموعة الشّعرية في يدها.

تأمّلتها في صمت. حدّقتُ في الوجه المطليّ بمساحيق رخيصةٍ، وفي اليدين المتقرّحتين بسبب حساسيّة مواد التّنظيف التي تُركت بلا علاج، وفي الثّياب التي تهديها لها مالكة البناية

بطلب منّي، لتبرُز الهوّة السّحيقة بين الجسد الرّثّ والملابس الفاخرة. يا لبؤس هذه المرأة! بماذا كنت أفكّر عندما تخيّلتها؟ أمّا زوجها فلم أتخيّل ملامحه حتّى تلك اللّحظة. وقد أجّلت ذلك إلى وقت لاحق لأنّ عقابه صار أولويّتي.

تسلّمت منها المجموعة وألقيت نظرة خاطفة على الغلاف ذي اللّون الرّماديّ. تمتمت بامتعاض عندما وجدته بلا عنوان:

– وبلا عنوان أيضاً؟!

بعد الغداء، جلست في الشّرفة. تابعت تكتّل الغيوم الدّاكنة في سماء المدينة وخمّنت أنّها ستمطر اللّيلة أيضاً. فتحت المجموعة الشّعريّة وتصفّحتها، فصُعقت. لغة مشوّهة بأخطاء لا تحصى ولا تعدّ وخيال جافّ ومعان باهتة. كيف سمح لنفسه بهذا! لقد تجاوز كلّ الحدود، وسيندم أشدّ النّدم.

اتّصلت بالمحقّق في مسرحيّة "يا طالع الشّجرة" لتوفيق الحكيم. حدّثته بالتّفصيل عن مخالفاته الخطيرة في الفترة الأخيرة، فأعرب عن استعداده التّام للتّكفّل بالملف. ولم تمض ساعة حتّى أحضر الحدّاد القفص، وكان كما تخيّلته تماما.

بعد الثّالثة زوالاً جاؤوا به. كان ينتفض كسمكة علقت بالشّباك وهو يصرخ:

– من أنتم؟ وماذا تريدون منّي؟ أخرجوني من هنا وإلّا ندمتم.

شدّتني ملابسه الغريبة التّي تبدو كملابس وجهاء التّاريخ،

وازداد غيظي. فهذه الصّورة التي ظهر بها لم تخطر ببالي أبداً.

أدخلوه إلى القفص وأحكموا غلق بابه ثمّ سلّموني المفتاح وخرجوا. تركت الباب مواربا حتّى يتمكّن المحقّق من الدّخول. وضعت الملفّ والمجموعة الشّعريّة فوق طاولة قريبة وجلست خلف السّتارة أراقب.

وماهي إلاّ دقائق حتّى حضر المحقّق. تصفّح الملفّ باهتمام، ثمّ ألقى نظرة متفحّصة على المتّهم الذي كان يرجّ باب القفص بعنف وقال:

ـ أراك ترفل في ملابس من الحرير كالملوك. من أين أتيت بثمنها؟ هل سرقته؟ ألم يكن من الأولى على الأقلّ أن تسدّد الدّيون المتخلّدة بذمّتك كتكلفة إيجار البيت التي لم تدفعها منذ ثلاثة أشهر؟

هبّ أبو البقاء واقفا وصرخ:

ـ عن أيّة سرقة وعن أيّ إيجار تتحدّث؟ أنا جليس السّلطان والفقهاء والشّعراء والعلماء، المتقلّب في نعيم قصر الحمراء وجنّة العريف، أسكن بيتاً بالإيجار وأُتّهم بالسرقة؟

حاول المحقّق تمالك أعصابه وغمغم:

ـ عامل موسمي في حظيرة بناء يجالس السّلاطين والأمراء. يا لرحابة هذا الخيال! أنت إذا تنكر التّهم الموجّهة إليك؟

ردّ أبو البقاء:

- أنكر.

تنكر يا أبا البقاء؟ تتناسى أنّني لمحتك مرّاتٍ تعود إلى بيتك بعد أن يهبط الظّلام خوفاً من مساءلات جيرانك من الباعة، وأنّني كنت شاهدة على جدالاتك المستمرّة مع زوجتك التي كلّما خرجت من البناية أشارت إليها الأصابع واستوقفها الكثيرون، يطالب بعضهم بسداد الدّيون، والبعض الآخر يقدّم مساعدة بسيطة يعقبها المنّ والأذى.

- وتنكر أنّك شاعر؟

واصل المحقّق.

- لا أنكر. أنا قاض وفقيه وشاعر.

- جيّد جدًّا. هل تستطيع أن تخبرني من أين أتيت بثمن طباعة هذه المجموعة؟

قال المحقّق ذلك وهو يلقي إليه المجموعة الشّعريّة التي وضعتُها على الطّاولة.

تصفّح أبو البقاء المجموعة مذهولاً ثمّ قال:

- أقسم لك أنّ هذا الكتاب ليس كتابي. اسأل عنّي لسان الدّين بن الخطيب وابن الزّبير، إنّهما يعرفان شعري حقّ المعرفة. سيدركان منذ الوهلة الأولى أنّ هذا الكلام لا يخصّني، بل لا يخصّ الشّعر مطلقا. إنّه أقرب إلى الهذيان منه إلى الشّعر. ثمّ إنّ اسمي ليس أبا البقاء التّبراوي.

تقسم يا أبا البقاء؟ تتنصّل من نفسك أيضاً؟ تنكر أنّك شاعر

مهمّش، وأنّك أصدرت مجموعة شعريّة لا تصلح لأكثر من عود ثقاب؟

تدّعي أنّ لسان الدّين بن الخطيب وابن الزّبير يعرفان شعرك؟ ألم أصادفك ذات سبت عائداً من مدينة مجاورة تجرّ أذيال الخيبة؟ وقتَها سألتك عن السّبب فأخبرتني أنّهم قاموا بدعوتك لأمسية شعريّة، وعندما وصلتَ وجدت دار الثّقافة تعجّ بحركة غير عاديّة. ابتهجت لأنّك ظننت أنّ هذه التّحضيرات لأمسيتك، ولكنّك تفاجأت عندما أخبرك مدير الدّار بأنّهم يحتفلون بقدوم شاعر عربي معروف، وأنّ التّحضيرات يجب أن تكون في مستواه، وأنّ صورة المدينة ثقافيًا يجب أن تظلّ ناصعة البياض، وأنّهم اتّصلوا بك لتشرّفهم بحضور الأمسية، فالجمهور قليل وغير نوعي.

- وزوجتك؟ تنكر أنّك بعت عقدها الذي ورثته عن أمّها؟

- أيّة زوجة؟ وأيّ عقد؟ يبدو أنّ هناك لبساً ما أيّها المحقّق. لماذا لا تفترض أنّك تستجوب الشّخص الخطأ؟

- وإذا لم أفترض؟

انتفض أبو البقاء وعاد يرجّ باب القفص وقال:

- أنا أبو البقاء الرّندي الشّاعر الأندلسي! ألم تعرفني؟!

لا، الأمر لم يعد محتملا. أنت تذهب بعيدا في غيّك. سأضع حدّا لهذه المهزلة. سأحرجك بالحقيقة. سأخرج من خلف السّتارة وأفضحك. انتظر حتّى أبحث في ذاكرتي أو في كتب التّاريخ

عن حياة أبي البقاء الرّندي. أعرف أنّك لا تعرف شيئا عن رندة ومعالمها، فأنت لا تقرأ إلاّ نادرا، ومكتبتك التي تباهي بها لا تحوي غير النّزر القليل من الكتب، وأغلب هذه الكتب هدايا من أصدقائك الكتّاب.

بحثتُ في كتبي فعثرت على كتاب "نفح الطّيب من غصن الأندلس الرّطيب". تصفّحته باهتمام، حتّى أنّني تجاهلت الطّرق العنيف على الباب.

كفّ الطّرْق، فتفاجأ المحقّق كما تفاجأتُ بدخول زوجة أبي البقاء. كانت مبلّلة بالكامل. كيف لم أنتبه إلى أنّها بدأت تمطر؟ ولكنْ مهلاً، من سمح لها بدخول بيتي؟ هل نسيت أنّني أنا وحدي المتحكّمة في سير الأحداث؟ كيف أقحمت نفسها في القصّة دون إذني؟ لن أسكت على هذا العبث. لِأَرَ أوّلاً ماذا تريد.

خاطبت المرأة المحقّق بارتباك:

- أين صاحبة البيت؟

ردّ المحقّق:

- ماذا تريدين؟

- أخبرها رجاءً أنّ زوجي أبا البقاء عاد قبل دقائق إلى البيت، وأنّني لم أعد مهتمّة بأمر العقد، وأنّني تنازلت عن شكواي ضدّه، فهو أغلى من الذّهب.

نظر المحقّق في ذعر إلى المتّهم الذي ارتسمت على شفتيه

ابتسامة عريضة. ثمّ خرج مسرعاً وهو يتمتم:

- لا يمكن! غير معقول! هل كنت أستجوب طيفاً؟

أمّا أنا فقد توجّهت إلى القفص الفارغ. أدرت المفتاح بيد مرتجفة في القفل قصد فتحه، وتراجعت عن نشر القصّة.

غيمات

ـ هل تكفي هذه الغيمة حتّى ينزل المطر يا أبي؟

ـ لا يا بنيّ، غيمة صغيرة عابرة لا تكفي.

تسلّلت شاة عنيدة إلى أحد الكهوف فنهرها عبد اللّه:

ـ أعرف أنّك ستنتهين فريسة للذّئاب أيّتها الطّائشة.

غرس نظره أسفل المنحدر الصّخري. رأى زوجته أمينة تتوقّف عن اقتلاع الحلفاء وتمسك ظهرها للحظات، فوخزته الشّفقة.

ـ اِحترس يا بني، لا تنشغل لحظة عن القطيع. أنا ذاهب لمساعدة أمّك.

التحق بها. وجدها تميل بجسدها على العشبة المتشبّثة بالتّربة الصّخريّة في عناد أبدي، وتمسك النّبتة بالمقلاع وتجتهد في اقتلاعها، ثمّ ترفعه وقد أمسكت بقبضة كبيرة وجعلت تلفّها مشكّلة حزمة صغيرة ترمي بها خلفها.

قالت دون أن تتوقّف عن العمل:

ـ لو أنّك بقيت مع عصام، فأنت تعرف نزق الشّياه الجائعة.

العشب الأخضر الرّيّان كان أطول من قامته. توقظه أمّه عند الفجر، يصغي إلى صوت الأذان وهو يتردّد في صمت الحقول. يغادران المنزل بعد وقت وجيز فينتشي بصوت عجلات العربة المربوطة إلى الحمار الوديع.

يتملّى الأشجار التي بدأت تنفض عنها السّواد. يحدّق في نجمة الصّبح ويستسلم لبقيّة نعاس ما زالت تراود جفنيه.

تتوقّف العربة بعد ساعة من السّير، ويأتيه صوت أمّه الهادئ:

ـ استيقظ يا عبد اللّه، لقد وصلنا.

غرزت العشبة القاسية غضبها في يده، فلم يشعر بالألم.

تابع حركات أمّه وهي تحرّر الحمار من العربة وتشدّ قائمتيه الأماميّتين إلى بعضهما بحبل، فيشرع في مضغ العشب في طمأنينة ودعة. ولمّا رآها تنحني بقامتها المديدة على العشب تقتلعه أدرك أنّ يوما آخر من العمل قد بدأ، فشرع يفعل كما تفعل.

يستجيب العشب النّدي وتفلت جذوره التّربة الرّخوة، ويفوح عطر نوّار الجرجير والخشخاش والأقحوان.

توقّفت زوجته عن اقتلاع الحلفاء وصدرت منها أنّة خفيفة وهي تضع يدها على ظهرها، ثمّ أعادت ترتيب وشاحها. ربطت طرفيه فوق جبينها وقالت:

ـ هل فكّرت فيما علينا فعله إذا نفدت الحلفاء من الجبل؟ أنت ترى أنّ أوراقها حادّة كالإبر، ثمّ إنّ الجميع ينتشرون في الجبل طلبا لها، يوما ما لن نجد ما نبيعه لنقتات.

- أسعدي فألك يا أمينة.

قبل الغروب وصل تاجر الحلفاء. تفحّص حزمة وزمّ شفتيه:

- ألم تستطع أن تجتهد في البحث عن غيرها؟

- ليس في الجبل غيرها.

- الحلفاء في "النّاظور" و"عين النّحاس" وفيرة. كم تعشقون اللّقمة الباردة!

- لا يمكن لأحد الوصول إلى هناك.

- أنا مضطرّ لدفع نصف المبلغ.

اضطرب عبد اللّه:

- دعني أفكّر.

ألقى عليه الرّجل نظرة ساخرة. يفكّر؟ فيم سيفكّر؟ هو يعرف أنّه سيموت جوعا إن لم يقبل.

طال صمته، فهمّ التّاجر بالمغادرة.

خرج الصّوت داكنا مستسلما:

- قبلت العرض.

هجع السّفح، وارتفع ثغاء الأغنام.

مدّت له أمينة كأس الشّاي. تملّص من يدي أمّه وخرج راكضا ليشارك أقرانه اللّعب تحت المطر. جرّته إلى البيت وهو يتلوّى ويحرّك ساقيه في عصبيّة ويصرخ:

ـ دعيني ألعب معهم.

عدّت أمينة الدّنانير القليلة. جاءها صوته غائما:

ـ لقد أعطاني نصف المبلغ. يريد حلفاء خضراء، من أين آتيه بها؟

ـ ربّما عليك أن تبحث عن تاجر غيره.

ـ وأين سأجده؟

ـ ترى ما الأقسى؟ الموت بسبب الجوع أم بسبب القهر؟

ـ لا أدري.

ـ لا تغفل عن الشّاي، أنا ذاهبة للنّوم.

لا تتحسّر أمينة على القرية مثل زوجها، فقد نشأت في السّفح ولم تغادره طيلة حياتها. وحتّى عندما لجأ الأهالي إليه لم تسأل لماذا جاؤوا ولا من أين. غير أنّ الجبل في طفولتها لم يكن أجرد موحشا كما في هذه السّنوات العجفاء. افتقدت فيه رائحة الإكليل والشّيح والصّنوبر التي تتفتّق كلّما تساقط الرّذاذ الموسمي. افتقدت النّباتات التي تزهر بسخاء في بطون الأودية وثمار التّوت التي جادت بها الغابات المجاورة. ولكنّها اعتصمت بالصّبر كنخلة في قلب الصّحراء، ولم تستطع قسوة الحياة أن تطمس معالم جمالها. حين كان زوجها يحدّثها عن القرية لم تكن تصغي إليه. كان صوت الأرض التي تستسلم للعراء الوحشي متهيّئة للتّجرّد من أسباب النّجاة أقوى من أيّ صوت.

تقلّبت فوق حصير الحلفاء الخشن، فتذكّرت ملمس الزّرابي التي كانت تنسجها ببراعة فائقة.

ينتصب المنسج في صحن البيت بخيلائه، فتجلس وراءه لساعات طويلة محاطة بكبّات مختلفة الألوان من الصّوف، وقد تأتي لمساعدتها في أوقات متباعدة من اليوم إحدى الجارات.

تتتابع الألوان ببطء، وتتحوّل شيئاً فشيئاً إلى أشكال مختلفة متناسقة على وقع الأناشيد والمواويل.

ترفع إحدى الحاضرات صوتا شجيّا كأنّما ينبعث من أقاص مجهولة فيثير في النّفس حزنا غامضاً:

"يا عيني نوحي ويا خلالة رنّي"[1]

بهذه الكلمات تبدأ الأغنية دون أن تتوقّف الأيدي عن الحركة السّريعة المتناغمة، ودون أن تتوقّف الأشكال الملوّنة عن تشكّلها البطيء.

باع عبد اللّه كلّ تلك المنسوجات بعد أن تزوّجها. وباع بعد ذلك المنسج حين بكى عصام من شدّة الجوع أوّل مرّة.

- لا نستطيع أن ننتظر حتّى موسم جزّ صوف هذه الشّياه الهزيلة، ربّما تمكّنّا لاحقاً من شراء منسج آخر.

بعد هذه الكلمات غادرت الأغنيات والمواويل الشّجيّة حلق أمينة إلى الأبد.

____

1. من أغنية تراثية تونسية

لم يبع سكّان السّفح ما معهم من مناسج فحسب، بل باعوا أغنامهم أيضا بعد أن فتكت الذّئاب بأكثرها، وزحف شبح الخصاصة.

شعر عبد اللّه بأنّه يختنق. هو يعرف أنّ زوجته لن تنام، وأنّها فقط تتظاهر بالرّغبة في النّوم. أزاح إبريق الشّاي من فوق الجمر وخرج. تفطّنت إليه الأغنام فمطّطت ثغاءها الموجع. تعثّرت نظراته بالصّخور الهاجعة تحت ضوء القمر، فانحنى ليلتقط حجارة ورماها بحنق في الفراغ، ولم يعد إلاّ في الهزيع الأخير من اللّيل.

بكّر إلى السّوق الأسبوعيّة بما معه من دنانير.

وهناك كان سعر الحلفاء حديث الجميع. كلّ من قابلهم ختموا الحديث بقولهم:

ـ فقط لو يرحمنا اللّه بالمطر.

اقترب من صناديق الخضر والغلال. رفع إليه البائع عينين مستفهمتين حين رآه لا يفصح عن حاجته. داهمته ضحكاته وأمّه ترفعه بكلتا يديها، فيمدّ يديه ليقطف بواكير ثمار الخوخ.

الأشجار التي ورثها عن أبيه، بل أشجار القرية كلّها، الأشجار التي يبست وبيعت فحما، كانت مثقلة بأشهى الثّمار.

ـ يا هذا، البضاعة ليست للفرجة.

رفع عبد اللّه نظرة شاردة ونطق:

- زن لي رطلا من الخوخ.

أمام بائع الحبوب توقّف عبد اللّه طويلا أيضا. صعد أبوه إلى النّورج ولوّح بالسّوط للأحمرة فانطلقت عمليّة الدّرس. زغردت النّسوة وشرعن في إعداد الطّعام.

تهشّمت السّنابل تحت الحوافر مفصحة عن الحب الذّهبي. ثمّ شرعت السّواعد السّمراء بعد ذلك في تذرية القمح.

- تشتاق إلى أرضك؟

- الأرض هي العرض يا أخي.

لم ينم عبد اللّه ليلتها.

حين قرّر أهالي أرض "الصّابة" مغادرة القرية لم ينم أيضا. فضّلوا أن يقيموا عند سفوح الجبال. فهناك على الأقلّ ما زالت نبتة تقاوم الجفاف يمكن أن تكون مصدر رزقهم وعلفا لما تبقّى من مواشيهم.

لم تكن العشبة رؤوفة بهم. وكثيرا ما تسمّرت أوراقها الحادّة تحت الجلد في حقد. ولكنّهم لم يستسلموا. لم يكن أمامهم خيار آخر، كانت تلك حربهم الأخيرة من أجل البقاء.

إنتبهت حواس عبد اللّه وهو يفتح باب الكوخ عند الفجر. إنّه يعرف هذا الهواء الرّطب، يعرفه جيّدا.

تلاحقت زخّات المطر وبلّلت كفّيه ووجهه وثيابه. أصغى إلى وقعها على الأرض الصّخريّة القاسية بشغف.

غمرت المياه السّفح. تسرّبت إلى الأكواخ وتسلّلت من الأسقف. فتملّص الطّفل من يدي أمّه وانطلق راكضاً ليشارك أقرانه اللّعب تحت المطر.

بقايا أجنحة

"الحدباء تحلم بالأجنحة، الحدباء تحلم بالأجنحة".

بهذه الكلمات كانوا يقذفونها كلّما شاهدوها تهمّ بعبور الشّارع، فتفتر عزيمتها وتعود إلى الرّصيف. تجلس قرب أحد أعمدة الإنارة وتفكّر في حياتها التي كانت رصيفاً واحداً ممتدّاً، ولم يكن فيها ممرّ مشاة واحد. ثمّ تفكّر في هذه المدينة، هذه المدينة أيضاً بلا ممرّ مشاة. ومع ذلك يعبر الجميع بسلاسة وأمان، ويتجاوزون جنون الشّارع بخفّة الأطياف. فيزداد يقينها بأنّها خلقت للطّيران وليس للمشي مثلهم، وتتفاقم رغبتها في عبور الشّارع بحثا عن أجنحتها. لا يعقل أنّها قد خلقت بلا أجنحة. ماذا بمكن أن تكون تلك النّتوءات الكثيرة في ظهرها إن لم تكن بقايا أجنحة؟

ـ لست مجنونة كما تتصوّرون. وأنصحكم أنتم أيضا بالبحث عن أجنحتكم. فقد سمعت مؤخّرا بأسطورة يونانيّة تقول إنّ عظم الكتف هو في الأصل بقايا أجنحة. أشفق عليكم لأنّكم لا تعرفون أنّكم قادرون على الطّيران.

لم تتخيّل نفسها طائراً بشريّاً أبداً، بل تخيّلت أنّها طائر

حقيقيَ. وكانت حجّتها التي ترفعها في وجوه المشكّكين في ذلك أنّها بلا أبوين:

ـ كلّكم لديكم آباء وأمّهات إلاّ أنا. وهذا يعني أنّ أبي وأمّي طائران، وهما بلا شكّ يبحثان عنّي.

أمّا الذين يفترضون أنّ والديها قد تخلّيا عنها وألقياها في حاوية قمامة بسبب جسدها المشوّه فقد كانت ترجئ إقناعهم إلى اليوم الذي تعثر فيه على أجنحتها.

في البداية، خمّنت أنّها نورس عندما شاهدت أوّل نورس يحلّق في سماء المدينة. ثمّ تخلّت عن التّصوّر بعد أن سمعت صوته المزعج. وظلّت كلّما شاهدت طائرا يحلّق تخاله أخاها أو توأمها، فتشيّعه بنظراتها المستجدية إلى أن يحجبه الأفق. وصادف أن مرّ أوّل سرب فلامنجو، فأدهشها جمال هذا الطّائر وعكفت زمنا على البحث عن معلومات عنه، ثمّ أعلنت على الملأ أنّها طائر فلامنجو، وأنّ أبويها يعيشان بعيدا في بحيرة "ناكورو"، لهذا لم يعثرا عليها حتّى الآن.

ـ هل تعرفون أنّ طائر الفلامنجو أغرب الطّيور على الإطلاق، وأنّه مهدّد بالانقراض مثلي تماماً؟ وهل تعرفون أنّه قادر على الوقوف على ساق واحدة حتّى أثناء نومه تماماً كما وقفت أنا على حافّة واحدة كلّ هذا العمر؟ وأنّه يكتسب لونه الورديّ من طعامه الغني بصبغة البيتاكاروتين، تماماً كما اكتسبت أنا لون الرّصيف؟

لا تبدو العلاقة بين أسلافها وطيور الفلامنجو مقنعة لأحد. أكلت الروبيان نيّئاً والطّحالب بنهم، وزحف اللّون الوردي على الأجزاء الظّاهرة من جسدها، ولكن لم يلاحظ أحد ذلك.

ـ لماذا لا تكون نتوءاتك بقايا سكاكين مثلا؟ أنت في حاجة إلى السّكاكين أكثر من حاجتك إلى الأجنحة.

قال لها عابر متهكّم.

فكّرت في الفرضيّة. هي فعلاً في حاجة إلى السّكاكين. صحيح أنّها لا يمكن أن تشهر سكّينا مغروسا في ظهرها في وجه كلّ من يتهكّم عليها أو على حلمها، ولكن على الأقل ستكون مطمئنّة إلى أن لا أحد سيطعنها من الخلف. ولكنّها اقتنعت في النّهاية أنّها ليست في حاجة إلى السّكاكين بقدر حاجتها إلى الأجنحة، فالأجنحة خلاصها الوحيد.

سألها عابر آخر:

ـ لو لم تكن هذه النّتوءات، ماذا كنت ستكونين يا أنثى الفلامنجو؟

فردّت بعد تفكير:

ـ راقصة فلامنكو.

جمع العابر المارّة وقال:

ـ تخيّلوا هذا الجسد المشوّه جسد راقصة فلامنكو.

فضجّ الرّصيف بالضّحكات.

امتزجت الضّحكات بصوت لوركا منشداً قصيدة "الغيتار يشرع في البكاء"، ودلف إلى المدينة غجر كثيرون، فصدحت بمجيئهم آلاف الغيتارات والأصوات الشّجيّة. صفّق تروبادور وهتف قبل أن يتحلّل في ضوء عمود الإنارة:

- لا تتوقّفي عن الرّقص حتّى تنبت لك أجنحة.

انفلتت التّهيّؤات، فوجدت نفسها راقصة غجريّة في أرصفة إشبيليّة ترتدي فستاناً بطبقات قماشيّة عديدة موشّاة بالورود، وشرعت في الرّقص. فتّتت الضّحكات وهتافات بائع غزل البنات والمناديل الورقيّة، وركلت هلوسات عابري آخر اللّيل ومشاجرات قطط القمامة وتلكّؤ الجائعين أمام المطعم الشّعبي، وصفعت الهواء بحركات صاخبة، وضربت الأرضيّة القاسية في إلحاح متّزن، إلى أن تفصّد العرق ونزّ الدّم من النّتوءات.

هطل المطر وقتها غزيراً. ظنّت في البداية أنّه هطل ليغسل الدّم. ثمّ تبيّنت أنّه جاء ليغسل المدينة كلّها من البشر. جلد المارّة والمباني، فانسحب الجميع رويداً رويداً. هاهو الشّارع يقابلها وجها لوجه أعزلَ فارغاً وقد لفظ هلام فوضاه. لم تضيّع الفرصة. تركت الرّصيف وعبرته.

يُستبعد أن تكون سيّارة مجنونة تلك التي صدمتها. كما يُستبعد أن يكونوا بشراً أولئك الذين يتجمهرون الآن حول الجثّة متحسّرين.

تهمة السّدرة

ـ تعتقدين أنّه لن يتفطّن إلينا إذا تسلّلنا إليها؟

سأل أخي ونظراته متسمّرة على السّدرة.

أجبته:

ـ لن يتفطّن. ألم تلاحظ أنّنا لم نصادفه مرّة واحدة رغم أنّنا نواظب على المجيء إلى هنا كلَّ يوم؟

ـ وماذا لو أنّ أحد أبنائه انتبه إلى اختفاء النّبق ذات يوم؟ سيعرفون حتما أنّنا من فعل ذلك.

ـ لا أعتقد أنّهم يأكلون النّبق من الأساس. لو كانوا يحبّذونه لما تركوه كلّ هذا الوقت تحت السّدرة. فالأثرياء يأكلون أنواعاً أخرى من الفواكه.

ـ ماذا يأكلون؟

ـ ومن أدراني؟

دار هذا الحوار بيني وبين أخي فادي ونحن نطلَّ من خلال

جذوع التّين الشّوكي على حقل جارنا مسعود. نطلّ لنتفقّد شجرة بعينها، هي سدرة ضخمة تجثم على مرمى حجر، ونتأمّل حبّات النّبق الشّهي السّاقطة من أغصانها الشّائكة.

كان تفكيرنا منصبّاً كلّ يوم على إيجاد طريقة للوصول إليها.

نصبح فجأة ابنين مهتمّين بمحصول الزّيتون. نخبر أمّي بذلك وندّعي أنّنا سنقوم بحمايته من العصافير بوسائلنا الفعّالة. لا تركّز أمّي على ما نقول ولا تستنكر:

- محصول زيتون في هذا الوقت من السّنة؟

فقد كانت تفكّر أغلب الوقت في وجبة غير مكلفة، أو في ضرورة إكمال مظلّات السّعف قبل نهاية الأسبوع. ولم يكن من أولويّاتها الانتباه إلى ما يجول في ذهني طفلين مشاغبين. وربّما كانت في سرّها ترحّب بكلّ فكرة تشغلنا، حتّى تتمكّن من القيام بأعمالها اليوميّة دون أن نزعجها بمناوشاتنا وطلباتنا.

نستيقظ باكراً. نجلس قبالتها ونتابع حركاتها الدّؤوبة في انتظار أن يجهز إفطارنا.

نراها تجلس إلى قصعة الفخّار وتزيل عنها الغطاء فتفوح رائحة العجين المختمر. تعجنه قليلاً ثمّ تحوّله إلى كريّات متوسّطة الحجم، وتمرّر كفّها عليها الواحدة تلو الأخرى حتّى تتحصّل على أقراص، تغطّيها وتتّجه إلى الخارج، فنتبعها.

تفتح الباب، فتحمل النّسمات اللّطيفة رائحة شجيرات النّعناع

والحبق المنعشة. نستنشقها ملء رئتينا، ونفسح المجال لنور الغبش الخافت كي يبعث في قلوبنا بهجة لا نفهم سببها.

تشعل أمّي كومة الحطب الصَّغيرة التي وضعتها قبل الغروب بين ثلاثة أحجار كبيرة، فتشقّ ألسنة النّار المتراقصة بقايا الظّلمة. ثمّ تضع الطّاجين الطّينيّ فوق الأحجار، وتعود إلى البيت لتقبل بعد قليل وهي تحمل أقراص العجين في طبق نحاسي وقد غطّتها بقطعة قماش. وأنشغل أنا وفادي بتحريك أعواد احترقت مقدّمتها في حركات دائريّة مشكّلين دوائر حمراء مختلفة الحجم ريثما ينضج الخبز.

تنهي أمّي مهمّتها، فنعود إلى البيت. نتابعها وهي تقصّ الخبز إلى قطع صغيرة، ثمّ تصبّ زيت الزّيتون في إناء وتدعونا إلى الإفطار. نفطر على عجل ثمّ نخرج.

نملأ علبتي قصدير بالحصى ونحكم غلقهما ونتّجه إلى الحقل. نشرع في تحريك العلبتين كيفما اتّفق، فيصدر الحصى داخلهما أصواتا تزعج العصافير والجيران ولكنّها لا تزعجنا. فقد كان استعصاء الوصول إلى حبّات النّبق أقصى ما يثير إزعاجنا. ولمّا نصل إلى الحدّ الفاصل بين حقلنا وحقل جارنا نتوقّف عن تحريك العلبتين ونشرع في طقس التّأمّل اليومي.

وحين نملَّ من هذه الوسيلة كنّا نبتكر وسيلة أخرى لحماية المحصول.

نخرج من المنزل باكراً كالعادة ونتّجه إلى هناك. ثمّ نشرع في

إعداد كمين للعصافير بعد أن نحمل جزءاً من شبكة مهترئة كانت أمّي تحمي بها أحواض البقدونس والسبباس من مناقير دجاجاتنا.

نضع الحبّ ونرفع الشّبكة بواسطة عود، ونربطه بحبل يمسك أحدنا بطرفه بعد أن نختبئ في المخبأ الذي جهّزناه للغرض وغطّيناه بالأغصان، ثمّ ننتظر بصبر.

ونادراً ما كان عصفور يقترب من كميننا، وفي المرّات القليلة التي نقرت فيها العصافير الحبّ كانت تهتدي إلى الهرب بسهولة.

وعندما يتسرّب إلينا الإحباط نلقي نظرة أخيرة على السّدرة، ونعود إلى المنزل.

اليوم حسمنا أمرنا وقرّرنا التسلّل إلى السّدرة عند الظّهيرة، حين يستسلم أغلب من في القرية إلى القيلولة.

تظاهرنا بالنّوم إلى أن وصلنا غناء أمّي الخافت من الغرفة المجاورة، حيث أكوام السّعف المبلّلة التي تظفرها محوّلة إيّاها إلى مظلّات يشتريها منها أصحاب المحلّات.

حين تبدأ أمّي في هذا العمل لا تغادر الغرفة إلّا قبل العصر بقليل، أي قبل ساعة من موعد عودة أبي من عمله يتصبّب عرقاً ويطلب أكلاً.

توجّهنا إلى المخزن على أطراف أصابعنا. فطالما منعنا أبي من ذلك، فهو لا يخشى شيئاً كخشيته من تسلّلنا إليه، خاصّة بعد أن خطر لنا آخر مرّة أن نفكّك بعض أشرطة "الكاسيت" ونصنع منها ملابس شبيهة بملابس الهنود التي نشاهدها في الرّسوم

المتحرّكة. لذلك كلّما عمّ صمتنا يدرك أبي وأمّي أنّه الهدوء الذي يسبق العاصفة، فيلتحق بنا أحدهما وهو يلوّح بتهديداته. لا أفهم لماذا يحرصان كلّ هذا الحرص على ما في المخزن، فمحتوياته كلّها قديمة ولم تعد صالحة. أشرطة "كاسيت" مرصوفة بعناية في صندوق خشبي، ومذياع قديم غريب الشّكل غير صالح للعمل، وجرار فارغة مختلفة الأحجام لم تقم بغير عمل واحد وهو ترديد صدى أصواتنا ونحن ندخل رؤوسنا في فوهاتها، وأكياس صوف، ومغزل معلّق في الحائط، وصندوق خشبي كبير مغلق بإحكام، وأشياء أخرى كثيرة أكل عليها الدّهر وشرب. ولو أنّهما سمحا لنا بالتّعبير عن وجهة نظرنا لأخبرناهما أنّنا نرغب في إتلاف هذه المحتويات وتحويل المخزن إلى مكان لتربية عصافير الدّوري.

صعد فادي فوق ظهري حتّى يتمكّن من الوصول إلى المشط المعلّق على الحائط والمخصّص لجني الزّيتون. وحملنا قفّة السّعف بعد أن اتّفقنا على إعادتها إلى مكانها فور العودة بالنّبق. ثمّ سررنا بكدس الحطاب، واخترنا بعض الأعواد لنستعين بها على رفع الأغصان الشّوكيّة عندما ندخل تحت السّدرة.

بحثنا عن فجوة مناسبة في حاجز التّين الشّوكي الذي يفصل بين الحقلين. عبرت الحاجز أوّلا، ومددت يدي لأخي لأساعده على اللّحاق بي. ثمّ توجّهنا إلى السّدرة ونحن نكاد نكتم أنفاسنا.

لم تقاومنا الشّجرة الوحشيّة. وما كدنا نقترب منها حتّى تحوّلت أشواكها إلى قطن ناعم، وارتفعت أغصانها عن الأرض

بما يكفي لانحناءة طفلين، كاشفة عن ثمارها الشّهيّة.

لم نصدّق ما شاهدنا. ولم نكن نملك الوقت الكافي للتّفكير في ما حدث، فهرعنا لجمع النّبق ووضعه في القفّة.

وما هي إلاّ دقائق حتّى سمعنا صوتاً شوكيّاً يصرخ:

ـ ماذا تفعلان هناك أيّها اللّصّان؟

نظرنا عبر الأغصان القطنيّة، فرأينا جارنا يقبل نحونا مهرولاً.

رمينا القفّة بما فيها وركضنا هاربين بأقصى سرعة، وقد نبتت خدوش كثيرة على أيدينا ووجهينا وملابسنا.

حقيبة طرقات

لا أدري متى بدأتُ هواية جمع الطّرقات بالتّحديد. كلّ ما أعرفه أنّ أقدم طريق في مجموعتي، وهو الطّريق المؤدّي إلى ربوة صغيرة قريبة من بيتنا، يعود إلى عشرين سنة خلت.

بدأ شغفي بالطّرقات باكرا.

في البداية، كنت أقصّ كلّ صورة طريق أجدها وأضعها في ألبوم صور. حتّى تلك الصّور الموجودة في القصص المصوّرة والكتب المدرسيّة التي تخصّني أو تخصّ إخوتي أو الموجودة في الخرائط الجغرافيّة، لم أكن أستثنيها. وكثيرا ما تلقّيت التّوبيخ والتّعنيف من الكبار بسبب ذلك. ولمّا لم يجدِ معي التّوبيخ والتّعنيف أقدم أبي بتأييد من الجميع على تمزيق ألبوم الصّور.

غضبت يومها غضباً شديداً، وهدّدت بأنّني سأهرب من البيت ولن يجدوا لي طريقاً. لم أنفّذ تهديدي بالطّبع، فقد كنت أعتقد وقتها أنّ قريتي على حافّة العالم تماماً، وليس بعد الغابات المحيطة بها غير الفراغ.

خرجت من البيت. واكتفيت بالجلوس على ربوة تبعد بضعة

أمتار عن بيتنا وأنا أفكّر في طريقة أجمع بها الصّور دون أن أتعرّض إلى المضايقات. ثمّ خطرت ببالي فكرة جنونيّة: لم لا أجرّب جمع الطّرقات بدل جمع صورها؟ قرّرت أن أبدأ بالطّريق الرّابط بين البيت والرّبوة. أمسكت حافته بكلتا يديّ وجذبتها، فاستجابت لي بسهولة مصدرة صوتاً شبيهاً بصوت اقتلاع جذع شجرة. واصلت الجذب حتّى اقتلعته من جذوره. وفي فرح غامر طويته كأنّني أطوي خريطة كنز.

ومنذ ذلك اليوم وأنا أجمع الطّرقات، الطّرقات المعروفة وغير المعروفة، وحتّى التي لم توجد في الخريطة بعد.

أستيقظ كلّ يوم خفيفة كريشة. أضع حقيبة كبيرة على ظهري، وأتسلّل إلى الخارج، وأبدأ في ممارسة هوايتي.

أتنقّل بين المدن والأقاليم بسرعة الضّوء. أطوي الأزقّة الواحد تلو الآخر كأنّني أطوي بساطاً، ثمّ أخبّئها في حقيبتي.

أسحب الشّوارع بيسر من تحت أقدام المترجّلين وعجلات السّيّارات والقطارات. أضحك وأنا أرى النّاس يسقطون ويتكدّسون فوق بعضهم كالدّمى، ووسائل النّقل تتبعثر كألعاب صغيرة. لم أكن أسمع أصوات الارتطامات ولا نداءات الاستغاثة. لا أرى دما أو أعضاء مبتورة ولا سيّارات مهشّمة. لا أسمع أنيناً أو صراخاً أو احتجاجاً. كان كلّ ذلك يحدث في هدوء كأنّني أمام تماثيل من ورق. ولم أشعر بالنّدم للحظة واحدة ولم أر ضرورة للاعتذار.

الطّرقات المستقيمة شغفي الأوّل لأنّها سهلة في الطّيّ. أدفعها أوّلاً بقدمي فتتدحرج بلا مقاومة. أمّا الطّرقات التي تلفّ وتدور فتستهلك طاقتي وتذكّرني بهشاشة جسدي المزمنة.

الطّرقات المغتسلة بالمطر أحبّها أيضاً. فقد ورثت كما ورث أبناء القرى حبّ المطر بسبب وبلا سبب. لا أعصرها كما أعصر السّتائر والشّراشف أو أعلّقها فور عودتي على حبل الغسيل حتّى تجفّ، بل أتركها مبلّلة كما هي حتّى أمارس طقوسي البدائيّة في الاحتفاء بالمطر.

كما أنّني أولي الطّرق المهجورة أهمّية كبرى، فكلّ طريق غير مطروق غنيمة بالنّسبة لي. وكلّما عثرت على واحد أكتفي به لأيّام قبل أن أعاود الخروج مجدّداً.

لا تسلم منّي الطّرقات القريبة من بيتنا أيضاً، والتي لا تتجاوز كونها مسارب رمليّة أو طينيّة، فهي الوحيدة التي تخبّئ في طيّاتها همهمات العشب وآثار عربات الكادحين.

ينتهي يومي عندما أجد طريقا بؤدّي إلى مدرسة. أقف متردّدة أمامه، ثمّ أطويه بسرعة وأركض عائدة إلى البيت. الطرق المؤدّية إلى المدارس بالذّات عنيدة ومخاتلة. ففي كثير من الأحيان، كانت آثار الأقدام الصّغيرة تقفز من حقيبتي وتختبئ بين الأعشاب الكثيفة. ومرّة أفلتت ضحكة بجديلتين سوداوَين وسبحت في الفضاء. حاولت اللّحاق بها دون جدوى. أخشى دائما أن تقتفي تلك الآثار أو الضّحكات الطّائشة أثري وتدلّ عليّ.

أخشى بالتّحديد عتاب أطفال المدارس حين يعرفون أنّني أضع طرقاتهم في حقيبتي. لهذا أعجّل بالعودة إلى البيت.

أوصد الباب بإحكام، وأفرغ محتويات الحقيبة مبتهجة بغنيمتي. فتفوح روائح متنوّعة: عطور شرقيّة وفرنسيّة، وعبق شجيرات زينة لا حصر لها، وروائح محرّكات سيّارات. وتزدحم في سمعي أحاديث مختلفة اللّهجات، وشجارات وأناشيد أطفال وضحكات، وأصوات سيّارات مستعجلة. وتنبثق غابات السّافانا من عشبة سقطت من حافّة طريق طينيّ مهجور. وتفسح الأريكة الخشبيّة المجال لكرنفال أو لقطيع أيائل أو لصفير قطار خال من الرّكّاب.

أتأمّل كلّ ذلك وأنا أتخيّل عدد الذين جمّدتهم في أماكنهم وافتككت وجهاتهم. أضحك حدّ البكاء، ثمّ أطفئ الوقت في ليل الجنوب بعد أن ألقي نظرة غاضبة من النّافذة على قريتي السّاكنة التي لم أغادرها قطّ.

فائض عن الحاجة

ظهر قرص الشّمس من خلف التّلال، فتسلّى سالم بمطاردة ظلّه الذي امتدّ نحيفاً وطويلاً متوّجاً بظلّ قفّة.

رأى ظلّ القفّة يميل شيئاً فشيئاً إلى اليمين، فتوقّف ليعدّله مستعيناً بيده اليسرى. شعر بالألم يسري فيها كالعادة، ولكنّه واصل سيره متجاهلاً سطوة التّفكير في ضرورة عرض هذه اليد اللَّعينة على طبيب العظام، منتشياً برائحة قلائد الياسمين المتأرجحة من القفّة، فالطّبيب سيطلب منه بحياديّة جافّة أن يتخلّى عن هذه القفّة قبل البدء في العلاج، وهو ما يرفضه رفضاً قاطعاً.

سار عبر المرّ الإسفلتي الذي عُبّد بإهمالٍ، ممّا فسح المجال لتشكّل حفر تتّسع بمرور الوقت.

لا يدري لِمَ طال الطّريق هذه المرّة أكثر من المعتاد. شعر أنّ ساقيه متيبّستان، ضغط على واحدة منهما بأطراف أصابعه، فأحسّ بملمس جذع شجرة. طرد الإحساس من ذهنه بسرعة وحثّ الخطى، ثمّ بدا له أنّ خطاه ليست حثيثة، فهرول بالقدر الذي تسمح به سنواته الخمسون.

الوقت مهمّ اليوم، لا يجب أن يتأخّر عن الزّبائن.

ردّد الإسفلت خطواته وامتصّت أشجار السّرو لهاثه المتتابع، وظلّ ظلّه الطّويل يذكّره بأنّ الوقت ما زال باكراً بلا جدوى.

وصل أخيراً إلى مركز القرية، فلاحت البنايات الفوضويّة ببياضها الباهت الذي سلّطت الشّمس الضّوء عليه. إنّه اليوم الاستثنائيّ في أيّام الأسبوع، يوم السّوق.

الباعة منهمكون في ترصيف بضائعهم، والنّاس يتوافدون من كلّ حدب وصوب. بعضهم يأتي مترجّلاً، وبعضهم يستعين بعربات تجرّها البغال والحمير، وبعضهم يشقّ المشهد بشاحنات خفيفة مكتظّة بركّاب من مختلف الأعمار، ما إن تتوقّف حتّى ينتشروا في كلّ الاتّجاهات.

ابتهج بالتّجمّع الحاشد وكأنّه يراه لأوّل مرّة، ومنّى نفسه كما في كلّ مرّة بالرّبح الوفير. لا يمكن أن يخدعه الشّيخ جلّول، فقد بشّره بأنّ الزّبائن سيتهاطلون عليه. تفقّد التّميمة المعلّقة في عنقه وغاص في السّوق.

لمح بائع القفاف يعرض بضاعته ففكّر في شراء قفّة جديدة بعد بيع بضاعته. استنكرت ذاكرته:

ـ ماذا ستفعل بالقفّة الجديدة وأنت لم تبع شيئاً من بضاعتك كلّ هذه السّنوات؟

تجاهلها وتنحنح مجهّزاً حباله الصّوتيّة للنّداء الأسبوعي:

- مشموم يفوح، ويردّ الرّوح.

توغّل النّداء الذي ألفه روّاد السّوق، تماماً كما يألفون هذيان معتوه. امتزج بروائح البنّ والفطائر وحلوى الفول السّوداني. تأرجح بين الأحاديث المتنافرة، وتسلّق أعمدة الإنارة وألوان الأقمشة.

تسمّر سالم أمام أحد الباعة وحدج بضاعته بحقد.

- نعناع؟ بِمَ يتفوّق نعناعك على ياسميني حتّى يقبل النّاس على شرائه هكذا دون أن تبذل أدنى مجهود، ودون أن تتمزّق حبالك الصّوتيّة مثلي؟! ثمّ إنّك لا تتعب في جمعه كما أتعب. يقتصر عملك على قصّ سيقان النّعناع وربطها في حزم صغيرة، ورشّ الماء فوقها باستمرار حتّى توهم الزّبائن بأنّها لم تقطف منذ مدّة. أمّا أنا فأستيقظ قبل الفجر، أقطف الياسمين وأبذل جهداً في تحويله إلى قلائد عابقة أو باقات صغيرة متقنة. خذ، تفحّص هذه البراعة وتأمّل هذا الفنّ. تشمّم وقل باللّه عليك؛ بِمَ يتفوّق نعناعك على ياسميني؟

انتبه البائع إليه، خشي أن يقرأ ما يجول بخاطره فواصل سيره، وأطلق نداءه الدّؤوب متظاهراً باللّامبالاة.

اصطدم صوت سالم بعد قليل بشابّ بعينه، فتلعثم واختبأ في أقرب بضاعة معروضة، وكانت جرّة خزف.

بدا لبائع المشموم أنّ الشّابّ عاد أبكر من العادة من العاصمة، فلم يمض أكثر من أسبوعين على آخر لقاء بينهما.

يومها، اصطحبه إلى مقهى قريب حين بدأت الحركة تخفّ في السّوق وقال له بشفقة صادقة:

ـ أنت تهدر حياتك. كما ترى، النّاس هنا يرَونَ شراء مشموم الياسمين ترفاً. أنا عائد بعد غد إلى مدينة "سيدي بوسعيد"، فما رأيك بالذّهاب معي؟ هناك ستجد من يشتري بضاعتك الكاسدة.

حملق فيه البائع بفضول.. "سيدي بوسعيد" دفعة واحدة؟!

فتح الشّاب هاتفه وعرض عليه صوراً كثيرة التقطها لسيدي بوسعيد، ولباعة مشموم بلباسهم التّقليدي البهيج وابتساماتهم العريضة. يذكر جيّداً أنّه تفقّد ابتسامته وقتها، ولمّا لم يجدها سأل نفسه:

ـ أيعقل أنّها سبقتني إلى أزقّة "سيدي بوسعيد" وأنهجها؟

شرد خياله، رأى نفسه يعتمر "شاشيّة" و"فرملة"[2] وهو يجوب أنهج "سيدي بوسعيد". رأى بعض شباب القرية يتوسّلون إليه كي يقبل بتشغيلهم مساعدين له وهو يشيح بوجهه عنهم. لن يرحم أحداً منهم.

فكّر في لون "الفرملة"، ثمّ قرّر أنّها ستكون زرقاء، زرقاء فاتحة حتّى تتناسب مع ألوان أبواب المدينة ونوافذها، وسيحرص على أن يظلّ قميصه وسرواله شديدي البياض. لن يجلس في أيّ مقعد إلّا بعد أن يمسحه ويعيد مسحه بمنديل. وربّما سيلتحق بناد للأداء الصّوتي حتّى يهذّب نداءه، فقد لا يتناسب صوته القرويّ

الخشن مع المدينة النّاعمة، وستنبهر به فتيات العاصمة بلا شكّ، وسيختار من بينهنّ زوجة في فترة وجيزة. صحيح أنّ الشّعر الأبيض غزا رأسه، ولكنّه ما زال يحتفظ بحيويّة الشّباب. لا أحد ينكر ذلك، حتّى الشّيخ جلّول.

آه، كيف أهدرتك أيّها العمر في هذه القرية الجاحدة عدوّة الحياة؟

صافحه الشّابّ مودّعاً بعد أن اتّفقا على الالتقاء بعد غد في محطّة سيّارات الأجرة.

- ولكن، لا يمكن أن يخدعني الشّيخ جلّول. لقد أخبرني أنّ شجرة الياسمين ستزهر هذا العام كما لم تزهر أبداً، وقد أزهرت بالفعل أكثر من كلّ المرّات السّابقة. كيف عرف ذلك إن لم يكن روحانيّاً جليلاً؟

غمغم البائع بينه وبين نفسه في ذلك الصّباح الباكر، ثمّ عاد إلى النّوم ضارباً بكلّ وعوده للشّاب عرض الحائط.

انعطف بسرعة إلى اليسار، وأطلق بعد دقائق نداءه بصوت منخفض. مرّ به رجل يمسك بيمناه أكياساً شفّافة تكشف خضراً مختلفة، وبيسراه دجاجة تنتفض محتجّة. فمدّ له مشموم الياسمين بحركة حاول أن يجعلها بهلوانيّة ومضحكة. عجباً! التّيبّس يتسرّب إلى يديه أيضاً. إنّهما مثل خشبتيْن.

- ديناران، فقط ديناران.

صرخ في وجهه الرّجل وهو ينسحب من أمامه:

- لا ينقص هذه الحياة إلّا مشمومك.

وسخر يافعان من فكرة أن يشتريا مشموماً، وقال أحدهما:

- القرية كلّها ستتحوّل حينها إلى نقطة استفهام كبيرة: لمن هذا المشموم أيّها الشقيّ؟

ووشوشت امرأة لرفيقتها:

- ما رأيك أن نكتفي اليوم بشراء هذا المشموم الذي يردّ الرّوح؟

سمع بائع المشموم كلّ هذه الاستهزاءات، ومع ذلك ظلّ نداؤه يتفرّس في وجوه روّاد السّوق وجيوبهم. ربّما تقرّر طفلة حالمة أن تهدي مشموماً لأمّها أو خالتها، ربّما يصادف اليوم عيد ميلاد فتاة جميلة أو أب وقور، أو ربّما يصادف اليوم العالمي للياسمين.

حين بدأ الباعة في جمع ما تبقّى من بضائعهم وخفّت الحركة حتّى كادت تنعدم، حاول أن يرفع صوته بالنّداء لمرّة أخيرة. لم يخرج الصّوت، بل خرج صوت قريب من حفيف أوراق الأشجار.

في تلك اللّحظة توجّهت إليه طفلة، كانت تريد شراء مشموم لأمّها التي ماتت قبل أشهر، ولم تكد تقترب منه حتّى صرخت في فزع وولّت هاربة، فقد كانت تلك المرّة الأولى التي ترى فيها شجرة تبيع مشموماً.

فلّين

اقتحموا خيمتي بعد الغروب بقليل. طوّق غريب رقبتي بيديه الضّخمتين وقال بصوت مهدّد:

ـ لِمَ أتيتِ بنا إلى هنا؟ ما الذي تريدين منّا بالضّبط؟

منذ الوهلة الأولى لم أرتح لهذا الرّجل بهندامه المهمل ونظراته المحتجّة وكتمانه المريب لاسمه وهويّته.

ـ سمّيني الغريب إن شئت.

رمى هذه الكلمات على وجهي وهو يأخذ مكانه في الزّورق الذي استعرته من أحد الصّيّادين.

أمّا برهان ومريم فقد كانا هادئين ومطيعين، رغم أنّه نجح فيما بعد في تسريب الغضب والحقد إليهما.

كان هؤلاء الثّلاثة، مريم وغريب وبرهان، فقط من صدّقوا بوجود المدينة. الأهالي جميعهم رفضوا المجيء معي رغم أنَّ غابات الفلّين؛ مصدر رزقهم الوحيد، احترقت بالكامل. بعضهم شكَّك في وجود المدينة والبعض الآخر شكَّك في سلامة عقلي.

كان صيفاً قائظاً لم تشهد القرية مثله. عند الظّهيرة، شاهد النّاس أعمدة الدّخان تتصاعد من قلب الغابة، هرعوا إليها وحاولوا إخماد الحرائق بما معهم من وسائل. انضمّ رجال الإطفاء في وقت وجيز، ولكنّهم لم يفلحوا في إنقاذ الغابة التي لم يتبقّ فيها غصن فلّين واحد.

أقبلت مريم يومها تحمل تحفاً من الفلّين في كيس. أخبرتُها أنّها لن تحتاج لبيع الفلّين في مدينة "فجّ الشّمس"، فالتفتت إلى برهان وغريب اللذيْن كانا يتبعانها وغمغمت بكلمات لم أسمعها، ثمّ صعدت إلى القارب، فصعدا.

ـ لن نخسر أكثر ممّا خسرنا.

كان هذا اتّفاق رفاق رحلتي الصّامت.

لم يبادلوني أطراف الحديث، واقتصرت أحاديث بعضهم مع بعض على وشوشات مقتضبة.

استأْت من هذه الرّفقة، فقد كنت أمنّي نفسي بمجموعة أكثر حيويّة وإقبالاً على الحياة، أو على الأقل غير حاقدة.

سألتُ مريم:

ـ لِمَ أحضرت هذه التّحف معك؟

لمْ تجبني على الفور. أشاحت عنّي بوجهها، وتشاغلت بالنّظر إلى الموج، ثمّ أجابت:

ـ إنّها رائحة أبي الذي أحرقته الغابة. هذه مصنوعاته.

مررنا بجزيرة صخريّة، فرأيت أن نعرّج عليها. وحتّى أسلم من احتجاجهم أوهمتهم أنّني في حاجة إلى أن أرتاح قليلاً من دوار البحر، فتململوا، وقال برهان:

- أرى في التّعريج على الجزيرة مضيعة للوقت.

وتمتمت مريم:

- تحدّق في الموج كالبلهاء ثمّ تشتكي من دوار البحر.

همّ غريب بالكلام، غير أنّ حركة الزّورق الذي حاد عن مساره متّجهاً إلى الجزيرة ألجمته. فاكتفى بطأطأة رأسه.

عندما وصلنا إلى الجزيرة غافلت الجميع وتعمّدت عدم شدّ الزّورق إلى اليابسة حتّى لا يتمكّن أحد من الهرب، فقد رأيت أنّ هذه الجزيرة ستكون مسرحاً أنسب من "فجّ الشّمس"، كما أنّني وجدتها ملائمة لمراقبة حركات هؤلاء الثّلاثة وسكناتهم، فمن يضمن أنّهم لن يتركوني إذا وصلنا إلى تلك الأرض البعيدة، فتفشل خطّتي؟

ادَّعيت أنّ سفينة خاصّة ستأتي لتأخذنا إلى المدينة، وأقنعتهم بأنّ الزّورق قد ينقلب بنا لو توغّلنا به أكثر.

تفرّقوا في الجزيرة لاكتشافها، وسرعان ما عادوا غاضبين:

- إنّها جزيرة صخريّة لا حياة فيها.

- كم سننتظر هنا؟ ومتى ستأتي السّفينة؟

قطع غريب حبال التّساؤلات عندما أشار إلى خيمتين منتصبتين بين صخرتين عملاقتين وقال:

ـ انظرا هاتان الخيمتان، هل رأيتماهما هنا قبل قليل؟

لم أعلّق على كلّ ما قيل، واتّجهت إلى إحدى الخيمتين مستمتعة بموجة الغضب والحيرة التي تجتاحهم، ثمّ تمدّدت في فراشي متظاهرة بالدّوار متلصّصة على أحاديثهم.

التحقت بي مريم وسألتني:

ـ هل تعطيننا تفسيراً لكلّ هذا الذي يحدث؟ لِمَ لا ينتابك الفضول مثلنا لمعرفة المكان؟

كتمت ضحكي وأجبت:

ـ ببساطة لأنّني أعرف المكان.

غادرت مريم لتكتشف الخيمة المقابلة وهي تتوعّد وتهدّد، ثمّ التحق بها برهان وغريب. تنصّتّ فلم تصلني غير غمغمات مبهمة. ماذا سأكتب إن لم أسمع ما يقولون؟ أنا لا أعرف عنهم شيئاً، ولا أعرف ما الذي يجول في عقولهم. صحيح أنّني أستطيع أن أبصر كلّ تحرّكاتهم من مكاني، ولكنّني في حاجة إلى أن أسمع كلماتهم.

جلس غريب وبرهان بالقرب من خيمتي. استبشرت، فمِن هذا المكان ستصلني أحاديثهما كلّها. غير أنّهما ظلّا صامتين مثل حجرين.

خرجت مريم من الخيمة وهي تحمل ثلاثة أغطية صوفيّة وبعض الشّطائر، وقالت:

- هذا غريب حقّاً، من وضع هذه الأغطية وهذا الطّعام هنا؟

تدخّل غريب:

- إنّها هي هذه المتغطرسة بالطّبع.

شكّكت مريم قائلة:

- عندما نزلتْ من الزّورق لم تكن تحمل غير حقيبة مملوءة بالكتب والأوراق.

همّ غريب بالأكل، فحذّره برهان قائلاً:

- ثمّة شيء غريب يحدث بالفعل. أعتقد أنّنا واقعون تحت تأثير سحرٍ ما، فقد سمعت بقصص كثيرة عن بحّارة ماتوا في ظروف غامضة.

انتفضت مريم وقالت:

- ماذا تقصد يا برهان؟ هذه المرأة ساحرة أو جنّيّة؟ علينا أن نجد طريقة للهرب قبل فوات الأوان.

قضم غريب شطيرته وغمغم:

- لا داعي إلى كلّ هذا الرّعب. هذه المرأة عاديّة وأكثر من عاديّة. لا شكّ أنّها هيّأت لنا كلّ هذا قبل سفرنا. ألم تقل لمريم قبل قليل إنّها تعرف المكان؟ يبدو أنّها معتادة على البحر.

ردّ برهان:

- وماذا عن دوار البحر الذي أصابها؟

لم يأكل برهان ومريم شيئاً، وخيّم صمت ثقيل قطعته مريم:

- عندي فكرة. نصنع طائرة ورقيّة نكتب عليها بخط عريض "النجدة"، ثمّ نطيّرها في الفضاء.

قاطعها برهان:

- ومن أين سنأتي بالورق؟

تحمّس غريب الذي انتهى للتوّ من أكل شطيرته وقال:

- من حقيبة تلك المرأة، وسآتيكما به في الحال.

لم يوافق برهان ومريم على اقتراحه، ولكنّه لم يحفل بذلك وتوجّه إلى خيمتي. تظاهرت بالنّوم، فتسلّل على أطراف أصابعه إلى حقيبتي. أخذ بعض الأوراق وقلماً وخرج مسرعاً.

انهمكوا في صنع الطّائرة الورقيّة، ثمّ حاولوا تطييرها في الفضاء فلم تتحرّك.

قال غريب:

- الرّيح، علينا أن ننتظر هبوب الرّيح.

فاجأه برهان:

- ولكنّ الرّيح تهبّ بقوّة، انظر إنّها توشك أن تفتك سترتك.

قالت مريم بخوف:

- ماذا يعني ذلك؟ لا سلطة لنا على شيء هنا. هذه المرأة جنّيّة بلا شكّ وستعاقبنا على سرقة أشيائها.

ركض غريب بالطّائرة محاولاً تفنيد كلامها المقلق، ولكنّ الطّائرة لم ترتفع شبراً واحداً عن سطح الجزيرة.

رأوْني أخرج من الخيمة، فخبّؤوا الطّائرة داخل خيمتهم وجعلوا يحدّقون فيّ بنظرات خائفة تفوح منها رائحة الضّغينة. أخرجت كرسيّاً ومنضدة، وتظاهرت بالانشغال بالقراءة حتّى أستفزّهم.

تمتمت مريم:

ـ هل تعتقدان أنّها جنّيّة فعلاً؟

ردّ برهان:

ـ إنّها لا تتكلّم معنا إلّا نادراً، وطمأنينتها مربكة.

أمّا غريب فقد قال:

ـ سأقتلها إن لم تجب على أسئلتي.

توجّه إليّ، وجذب الكتاب من يدي وقال:

ـ أنت، متى ستأتي سفينتك؟

استعدت الكتاب وأجبته ببرود:

ـ لا أعرف.

ـ اعترفي، لمَ جئت بنا إلى هنا؟

ـ جئت بكم لأكتب عن الفلّين.

ضرب كفّاً بكف وصرخ مخاطباً رفيقيه:

ـ أتسمعان؟ جِنّيتكما تهذي.

أشارا إليه بحركات يدعوانه من خلالها إلى السّكوت خوفاً عليه، فعاد إليهما وهمس:

ـ سأقتلها، اللّيلة أقتلها.

لم يتصوّر وهو يطوّق رقبتي أنّني سأزيح يديه بتلك السّهولة، فتراجع إلى الوراء مذهولاً.

قلت لهم:

ـ السّفينة لن تأتي، و"فجّ الشّمس" ليست موجودة، فهي من وحي خيالي.

اضطربوا وهاجوا وماجوا وهدّدوا برميي لأسماك القرش.

ابتسمت وأنا أتخيّل هلعهم حين أخبرهم في نهاية القصّة أنّ غابة الفلّين لم تحترق، وأنّهم مجرّد شخصيّات ورقيّة.

رماد البنفسج

يوم جاءت أختي الصّغرى إلى هذا العالم، توافد المهنّئون على بيتنا محمّلين بالهدايا. ولم يكن هذا حدثاً سارّاً بالنّسبة لي، فزيارة الأقارب والجيران تزعجني بسبب أولادهم الصّغار المشاغبين، وإن كانوا يدّعون أنّهم هادئون ولا يسبّبون المتاعب.

انتشر الأطفال الصّغار بهذه المناسبة في كامل أرجاء البيت، مسبّبين الفوضى وعابثين بكلّ ما تقع عليه أيديهم. وطالبتني أمّي بالتّساهل معهم لأنّهم أصغر من أن يميّزوا بين التصرّف السّليم والخاطئ. ولمّا خرج الأمر عن السّيطرة دعتني إلى مرافقتهم إلى حديقة المنزل ومراقبتهم أثناء اللّعب. كان قراراً حكيماً إلى حدّ ما، فهناك على الأقل لا يوجد أثاث أو أوان أو أدوات مدرسيّة.

تحوّل الأطفال في لمح البصر إلى قردة، اتّجه بعضهم إلى شجيرات الزّينة يقطف أزهارها، ونطّ أحدهم إلى الأرجوحة، وسرعان ما علا صوت أخيه محتجّاً، لأنّه يرغب في التّأرجح أيضاً، وأسرعت أصغرهنّ سنّاً إلى الصّنبور تديره، فتدفق الماء. حاولت منعها فانفجرت بالبكاء. هدّأتها، وتمنّيت أكثر من

مرّة لو أنّ أختي لم تولد حتّى لا أضطرّ إلى التعامل مع هؤلاء المشاغبين.

لذلك لم أنظر إلى الهدايا التي خصّني بها الزّوّار بعين الرّضا، فأنا أرى أنّ أفضل هديّة يمكنهم أن يقدّموها لي هي عدم اصطحاب أبنائهم معهم.

ولكنّ الأمر اختلف تماماً مع الهديّة التي أحضرها صديق والدي من بلد أجنبي بعد عامين من ولادة أختي، والتي كانت عبارة عن لوحة زيتيّة.

لم يستطع أبي أيضاً أن يكتم فرحته بها، رغم أنّ الرّسام الذي رسمها مجهول الهويّة، وأبدى فخره بصداقة صاحبها الذي يتنقّل بين البلدان كما نتنقّل نحن بين مدينتين.

فتح أبي غلاف الهديّة، وتأمّلها بإعجاب، وقال لي:

ـ إنّهما أختان، كبرى صغرى، تماماً مثلك أنت وسيرين.

تفحّصت اللّوحة بفضول. كانتا بنتين جميلتين ترتدي إحداهما فستاناً زهريّاً والأخرى فستاناً أبيضَ، تجلسان على أرجوحة مشدودة إلى شجرة عملاقة في حديقة مزدانة بأزهار البنفسج. قلت باندفاع:

ـ أنا أشبه الأخت الصّغرى لا الكبرى. انظر إنّها تضع إكليلاً من الزّهر فوق رأسها، وأنا أفعل ذلك أيضاً.

ولا أذكر في الحقيقة أنّني وضعت يوماً إكليلاً من الزّهر فوق رأسي.

لم يعقّب أبي وبدا كأنّه لم يسمعني. كان يوزّع نظراته بين الجدران مفكّراً في المكان الأنسب لتعليق اللّوحة. وبعد مشاورات مع أمّي قرّر تعليقها على الحائط المقابل للمكتبة.

قلت له وأنا أسلّمه مسماراً:

- هل هاتان الأختان حقيقيّتان يا أبي؟ أقصد هل هما موجودتان فعلاً؟

قهقه أبي وقال وهو يدقّ المسمار بحذر:

- هل تشمّين رائحة البنفسج؟

أجبت بالنّفي، فقال:

- فقط عندما تشمّين رائحة البنفسج تصبح اللّوحة حقيقيّة.

خرج أبي وأمّي بعد ذلك في زيارة عائليّة وتركاني كالعادة مع سيرين، فقد أضيفت إلى مهامّي المألوفة مهمّة جديدة هي الاعتناء بأختي في غياب أبي وأمّي. لم يحتاجا هذه المرّة إلى تنبيهي إلى ما يجب أن أفعل، فسنتان كافيتان لأحفظ مهامّي عن ظهر قلب. لم تكد أمّي تضعها في حضني حتّى انفجرت باكية، وجعلت تتلوّى طالبة اللّحاق بها. وضعتها فوق ظهري وجبت بها الغرف وأنا أهزّها هزّاً خفيفاً وأغنّي لها ما حفظت من دندنات أمّي:

"ننّي ننّي جاك النّوم، أمّك قمرة وبوك نجوم".

وسرعان ما تحوّل بكاؤها إلى غمغمات خافتة غرقت بعدها في النّوم، فوضعتها في سريرها وعدت بسرعة لتأمّل الأختين،

بل الأخت الصّغرى بالذّات. ثمّ خرجت إلى الحديقة، وجمعت الأزهار وصنعت منها إكليلاً وضعته فوق رأسي، وبحثت في خزانة ملابسي عن فستان زهري وارتديته، ثمّ عدت للتّحديق في الأخت الصّغرى:

ـ أنا الآن مثلك تماماً. لا يمكنك أن تنكري.

صار البقاء في غرفة الجلوس ووجهي للحائط حيث اللّوحة شغلي الشّاغل. ولم أعد أطلب من أبي وأمّي الخروج إلى اللّعب مع أبناء الحي، فأصواتهم المرحة لم تعد تخترق قلبي وأذنيّ.

في السّابق، كنت كلّما سمعت هرج أبناء الحي ومرجهم، يقفز قلبي من ضلوعي، غير أنّ أمّي وأبي يمنعانني من الخروج خوفاً من بقاء سيرين وحدها، وكلّما طالبت بحقّي في اللّعب كانت أمّي تذكّرني بمسؤوليّتي تجاه أختي بصفتي الأخت الكبرى. وحتّى عندما يطرق الأطفال باب بيتنا ويدعونني إلى اللّعب معهم؛ ينهرهم أبي ويهدّدهم بأن يشكوهم إلى آبائهم.

كنت أراقبهم من خلف زجاج النّافذة وهم يلتحقون بمكان لعبهم المفضّل، وهو بناية غير مكتملة يتكدّس أمامها الرّمل والحصى، وأختي فوق ظهري.

لم يحرمني ميلاد أختي الصّغرى من اللّعب فحسب، بل من المشاركة في الحياة الثّقافيّة في المدرسة أيضاً. لا أنسى ذلك اليوم الذي استيقظت فيه على صوت آلات موسيقيّة عرفت مصدرها على الفور؛ إنّها لفرقة "ماجورات المدينة" التي تجوب

الشّارع كلّما كان هناك حدث ثقافي أو احتفال ما. توجّهت إلى الشّرفة لأستجلي الأمر، فتذكّرت أنّه يوم احتفال المدارس بالعيد الوطني للطّفولة. وتذكّرت أيضاً أنّني طلبت من أبويّ المشاركة في تحضيرات مدرستنا فرفضا لأنّهما يعتمدان عليّ في العناية بسيرين.

كان الازدحام على أشدّه، تتالت العروض التّرفيهيّة وتنوّعت استعراضات المهرّجين والبهلوانيّين وغيرهم من المشاركين من الأطفال، بملابسهم وأقنعتهم العجيبة، وتتابعت عربات تحمل دمى ضخمة، حتّى جاءت الفقرة المخصّصة لمدرستنا. أنشد البعض بمرافقة "ماجورات" المدينة وعرض البعض الآخر لوحات تشكيليّة، وهناك من قدّم لوحات راقصة، فعَلا التّصفيق والهتاف من كلّ الجهات. شعرت وقتها بصخرة كبيرة تجثم على قلبي.

نسيت كلّ هذا منذ علّق أبي اللّوحة على الحائط. شعور مبهم كان ينتابني كلّما حدّقت فيها، يجعلني أنسى العالم من حولي وأقف على حافّة عالم سحري.

ذات صباح، اتّجهت فور استيقاظي من النّوم إلى غرفة الجلوس كالعادة، بعد أن قضيت أغلب اللّيل في التّفكير في طريقة أدخل بها إلى اللّوحة.

لم أكد أرفع نظري إليها حتّى تفاجأت باختفاء الأخت الصّغرى. دقّقت النّظر فلم أعثر لها على أثر. اتجهت إلى المطبخ حيث أمّي وأخبرتها بالأمر. لم تعرني اهتماماً، ربّما اعتقدت أنّني

أمزح، فأمسكت يدها وطلبت منها أن تتبعني إلى غرفة الجلوس، وهناك كانت مفاجأة أخرى في انتظارنا، فأزهار البنفسج كانت تطلّ من إطار اللّوحة، وتمتدّ إلى الحيّز المحيط بها من الحائط، كانت حقيقيّة تماماً، وكان الأريج يملأ أرجاء الغرفة. رأيت الأخت الكبرى تبتسم لي وتناديني بإشارة من يدها.

سألت أمّي عن رأيها في ما نشاهد، فطلبت منّي أن أصف لها ما أرى. ولمّا وصفت لها المشهد تجهّم وجهها ولم تعلّق، والتحقت بأبي في الحديقة.

دخل أبي بعد قليل تتبعه أمّي فوجدني أحاول زحزحة الأريكة لأصعد فوقها وأصير وجها لوجه مع الأخت الكبرى.

ـ ما دمت أشمّ الرّائحة فاللّوحة حقيقيّة.. أليس كذلك يا أبي؟

قلت بصوت يتقافز فرحاً.

تبادل أبي وأمّي نظرات صامتة، وطلبا منّي أن أخرج للّعب مع أطفال الحي الذين بدأت أصواتهم في الأزقّة تخترق صمت الصّباح، فقلت:

ـ ولكنّني لم أعد أرغب في اللّعب. أريد الدّخول إلى اللّوحة، فالأخت الكبرى تناديني.

أجهشت أمّي بالبكاء، وأمسك أبي يدي وخرج بي إلى الزّقاق. وكنت أردّد طلبي بإلحاح:

ـ أرجوك يا أبي، دعني أدخل إلى اللّوحة، لن أبقى فيها غير يوم واحد. أعدك.

حدّق فيّ الأطفال بفضول واستقبلوني بحفاوة، واقترحوا أن يعيدوا اللّعبة من البداية، فأذعنت لرغبتهم على مضض.

لم يحتاجوا إلى تلقيني مبادئها، فكثيراً ما شاهدتهم يلعبونها. تسلّمت الكرة من أحدهم، وانتظرت أن يجلسوا في شكل حلقة حتّى أبدأ الجري.

كان عليّ أن أجري بالكرة على امتداد الحلقة، ثمّ أضعها خلف أحدهم بحذر شديد وأواصل الجري، فإن لم يتفطّن إليها قبل أن أعود إلى موضعه مجدّداً، يُعدُّ خاسراً، ويجلس داخل الحلقة، وإن تفطّن إليها يأخذها ويجري خلفي ليرميني بها، فإن أصابتني قبل أن أصل إلى موضعه أخسر، وإن لم تصبني أجلس في ذلك الموضع ويواصل هو الجري، ويفعل كما كنت أفعل.

بدأتُ الجري، ثمّ وضعت الكرة بحذر خلف صديقتي رنيم، فانتبهت إليها بسرعة. التفتت وأمسكتها وركضت خلفي. لمست الكرة ساقي اليسرى ولم أنجح في تفاديها، فجلست داخل الحلقة مستاءة. استمرّ حجم الحلقة بالتّناقص تدريجيّاً إلى أن جاء دور رمزي؛ صاحب الكرة. وضع كرته خلف أمجد الذي تفطّن إليها ورماه بها. أنكر رمزي أنّ الكرة لمسته رغم أنّنا شاهدنا ذلك. وأمام احتجاج البقيّة أخذ كرته وغادر عائداً إلى البيت. وهكذا انتهت حصّة اللّعب المملّة بسرعة، فعدت إلى البيت.

لم يغادر أبي وأمّي البيت يومها، ولم تطلب منّي أمّي التي كانت تراقبنا من النّافذة طوال الوقت أن أجيء على جناح

السّرعة لأنّ سيرين شرعت في البكاء، أو لأنّها في حاجة إلى من يراقبها، حتّى لا تؤذي نفسها، أو تتلف بعض الأثاث عن غير قصد.

اتّجهت فور دخولي إلى غرفة الجلوس. لم تعترضني رائحة البنفسج، جذبت الهواء بعمق إلى رئتيّ فلم أتشمّم شيئاً. ألقيت نظرة خاطفة على اللّوحة، فلم أجدها في مكانها.

وفي قعر المدفأة شاهدت أزهار البنفسج المحترقة، ففهمت كلّ شيء.

حرمني أبي وأمّي مرّة أخرى من أن أكون الأخت الصّغرى ليوم واحد، يوم واحد فقط.

عمى المصابيح

يسبح في الظّلمة الباردة دون أن ينام، فالحبوب المنوّمة لم تنجح في استدراج النّوم.

يستوقفه العابرون دائماً، فتركض في رأسه الأخيلة، يسألونه أوّلاً عن الألوان. يصفها بذاكرة مجهدة: البنّي لون خشخشة الأوراق اليابسة، الأحمر لون مذاق الفراولة، الأبيض لون رائحة الياسمين، الأخضر.. الأخضر..

ـ الأخضر لون العشب.

يذكّره عابر سبيل.

يفشل في تخيّل العشب، فيكتفي بوصف الأخضر بأنّه لون ناعم الملمس ومبلّل أحياناً.

توقّف الآن عن تخيّل الألوان، فما حاجة مثله إلى الألوان؟

يكتفي بتحسّس الأصوات، بعضها مالح وبعضها لاذع وبعضها حلو وبعضها مرّ. ويتشمّم العواطف، بعضها كرائحة المطر وبعضها كرائحة الجثث.

يصف المطر والجثث للمبصرين فيضحكون. يتلمّس الضّحكات ويحاول أن يتخيّلها فلا ينجح. ثمّ يتذكّر أنّه سمع مرّة من يشبّه الضّحكة بندف الثّلج. يفشل في تخيّل الثّلج أيضاً، فيكتفي بتشبيه الضّحكة بالطّعنة.

يتحدّى الطّعنات، ويصنع باباً. يفتحه ويخرج، فتتزاحم حوله الأصوات:

- متهوّر. لو أنّه استعان بعكّازين على الأقلّ أو لزم بيته.

- الرّضوض والكسور كثيرة. لن ينجو هذه المرّة من الإعاقة.

تلتصق الأصوات بقدميه فيسقط، ويجد نفسه في الظّلمة الباردة مجدّداً.

يواسي نفسه باستحضار المقولات المشجّعة التي حفظها عن العمى. ينساها كلّها ويستحضر جملة كان قد سمعها من أحدهم: "ليس هناك أتعس من أعمى في غرناطة".

يتوقّف عند الجملة ساعاتٍ محاولاً تخيّل غرناطة. يفشل فيبكي، ويطلب من صديق قديم لا يضحك أن يصطحبه إلى طبيب العيون.

يتفاجأ صديقه:

- لم تكن مؤمناً بطب العيون يوماً.

يجيبه:

- أريد أن أرى غرناطة.

يضحك صديقه ويرافقه إلى الطّبيب.

يقيس الطّبيب وضوح الرّؤية ووظيفة العضلات وتفاعل البؤبؤ مع الضّوء، فلا يصدّق ما يرى.

يصله صوت الطّبيب المرتبك:

- العينان سليمتان، سليمتان جدّاً. منذ متى وأنت تعاني من العمى؟

يردّ:

- منذ أضأت. أقصد منذ أصبحت مصباحاً.

رسالة عاجلة

أكتب لك من أحد الموانئ وأنا أرتجف، لأطلب منك طلباً عاجلاً وملحًا. لذلك إذا وصلتك رسالتي هذه وأنت تستعدّ للخروج مثلاً أو لمناسبة عائليّة؛ فاترك كلّ شيء جانباً وأصغِ إليّ.

هل تحبّ أن أخبرك الحكاية من بدايتها؟ أو ربّما عليّ أن أبدأ بطلبي الملح أوّلاً، لأنّني مستعجل جدّاً. أطلب منك أن تنقذني من الموت، ليس من الموت تحديداً، بل من عار التّسمية. أنا لا أهاب الموت، فقد رأيته عشرات المرّات في عرض البحر، كان ينظر إليّ بعينين خجولتين ويتراجع عن نزالي حين يقترب منّي.

ولكنّني أعرف أنّه لن يتركني هذه المرّة، وسيسحبني إليه سعوّضاً عن كلّ المرّات السّابقة.

جاء ثلاثة رجال إلى الميناء قبل قليل، لذلك توقّفت عن الكتابة لبعض الوقت، فلن يكون في صالحي أبداً أن يعرفوا أمر الرّسالة. كنت أعرف ما يريدون منّي، كما كنت أعرف أنّهم سيغادرون فور الانتهاء من عملهم. سيتعهّدونني بالصّيانة الدّوريّة ليهيّئوني

لمرحلة جديدة من حياتي. ولستُ أدري حاجتي إلى الصّيانة؛ إن كان الموت في انتظاري.

فاحت رائحة القار وتغلغلت في مسامّي معالجة شقوق جسدي العشريني. استنشقتها بكلّ حواسّي وشعرت كأنّي وُلدت اللّحظة. رأيتني شجراً في غابة مترامية الأطراف، وتذكّرت دبيب المنشار الكهربائي المتوغّل في أوصالي، وطعنات المسامير ودقّات المطرقة. استرجعت تشكّل عمودي الفقري وأضلاعي العرضية رويداً رويداً، وملامح العامل وهو يشرع في دهني بالزّيت والطّلاء الخاص بالبحر، وهتافات الرّجال وهم يدفعونني إلى الماء بمشقّة واضحة. تسلّلتْ إلى جسدي مجدّداً تلك القشعريرة التي فاجأتني عندما لامست الماء البارد لأوّل مرّة. وسخرت من نفسي وأنا أسترجع حماسي يومها وشوقي للرّحلة الأولى في البحر. اعتقدت أنّ مهمّتي الوحيدة منذ تلك اللّحظة هي العودة بالأسماك الطّازجة كي أطعم أفواهاً شتّى جائعة. لم أكن أعرف ما ينتظرني.

ماذا كنت سأقول قبل أن يأتي الرّجال الثّلاثة؟ يا للذّاكرة التي لن تنجح كلّ أشكال الصّيانة في ترميمها!

آه، تذكّرت. كنت أتحدّث عن الموت الذي لن يتركني هذه المرّة إن لم تأت لنجدتي. فصاحبي الذي كان يحميني منه، والذي عشق البحر حدّ النّخاع، تخلّى عنّي وباعني بثمن بخس لشخص لم أرتح له منذ النّظرة الأولى. وقد تأكّدت بعد ذلك أنّ عدم ارتياحي كان في محلّه.

لم أسأله عن سبب تخلّيه عنّي رغم أنّي لم أقصّر معه.

في الحقيقة، أنا لست حاقداً عليه، لأنّه كان مضطرّاً للتّخلّص منّي لتسديد ديونه.

كانت معاركه الأخيرة مع البحر خاسرة كلّها، فقد انضمّ إلى الصّيّادين القدامى مؤخّراً بعض الذين يفكّرون في الرّبح السّريع مستعملين طريقة الجر القاعي، غير عابئين بما يخلّفه ذلك من ضرر. حرثوا قاع البحر، فجرفوا الأعشاب البحرية وبيض الأسماك وهدّدوا الحياة هناك، وكانوا يعودون إلى الميناء مردّدين الأغاني الرّكيكة محمّلين بغنائمهم، وبدأ الحزن منذ ظهورهم يستوطن وجه صاحبي الذي عهدته مستبشراً متفائلاً. أصبحنا نقضي الأيّام الطّوال داخل البحر دون أن نظفر بسمكة واحدة، وأدركت أنّ الخسارة هذه المرّة ستكون جماعيّة وفادحة.

بعض البحّارة غادروا للصّيد في مياه أعمق. أمّا صاحبي فلم يجازف، لأنّه يعرف أنّني لا أقوى على مجابهة التّيّارات العنيفة. أعترف أنّه لم يحمّلني فوق طاقتي يوماً، ولم يفكّر في التّخلّي عنّي إلّا عندما أظلمت في وجهه السّبل واشتدّ به شظف العيش. ورغم أنّه لم يحرص على أن يبيعني لشخص محترم مثله، ولم يسأل مطلقاً عن سوابقه، فقد سامحته.

تفحّصني الرّجل بعينين ثاقبتين، ثمّ خرج بي في جولة قصيرة ليتأكّد من قدرتي على الإبحار. تجادل مع صاحبي حول سعري وهما على اليابسة. أوصلت إليّ الرّيح بعض الكلمات المتقطّعة التي فهمت منها أنّ الرّجل متذمّر من حالتي، وأنّه لن يشتريني

إلّا بثمن زهيد. تمنّيت أن يتراجع صاحبي عن بيعي، ولكنّه أومأ بالموافقة بوجه خال من أيّ تعبير.

لم يكفّ صاحبي الجديد عن إجراء المكالمات الهاتفيّة، وقد فهمت من هذه المكالمات أنّ رحلة مطوّلة تنتظرني في عرض البحر ليلة السّابع من حزيران، وأدركت وقتها أيّ مصير قاتم رمى بي صاحبي إليه، فلم يكن هذا الرّجل ذو الشّاربين المفتولين غير تاجر موت من أولئك المختصّين في تهريب البشر إلى أوروبا. إنّه ما بعده عار؛ أن أشارك في هذه المهزلة. لقد سمعت سابقاً بحكايات مؤسفة عن غرق قوارب تقلّ مهاجرين غير شرعيّين. وكنت شاهداً على النّاس وهم ينتشرون على الشّواطئ يفتّشون الأشياء التي يلفظها الموج كلّما سمعوا بحادثة غرق. كما شاهدت أيضاً جثثاً متعفّنةً، تعلق بشباك الصّيّادين. لن أنجو أنا أيضاً، ولن ينجو من معي، فأنا لا أقوى على مجابهة المياه العميقة كما أخبرتك.

لم أنم ليلتها في مكاني الجديد الذي بدا لي موحشاً وكئيباً، ولم أشارك في الحديث مع جيراني الذين ما لبثوا أن استسلموا للنّوم.

عند منتصف اللّيل تقريباً، شاهدت أجساداً تتحرّك بسرعة وهي تحمل مصابيح يدويّة ولا تتكلّم إلّا همساً، ثمّ تتّجه إلى القوارب القريبة منّي فتستقلّها وتتوغّل في البحر. لا شكّ أنّها أجساد بلا عقول، فكيف يستقلّ عاقل قارب موت؟

قضيت ما تبقّى من اللّيل مفكّراً في حيلة تنجيني من هذا

العار، حتّى اهتديت في الصّباح إلى فكرة مراسلتك.

لذلك أنا أطلب منك بإلحاح أن تأتي لإنقاذي فور وصول رسالتي هذه.

يمكنك أن تستغلّني في شؤونك الخاصّة، كأن تستقلّني للقيام بنزهة بحريّة إن لم تكن من هواة صيد السّمك. وإن لم تكن من هواة النّزهات البحريّة، يمكنك أن تفكّكني إلى أجزاء وترميني في إحدى الغابات، عسى أن تستعيد روحي سكينتها القديمة، أو يمكنك أن تصنع منّي حطباً لمدفئتك في ليالي الشّتاء الباردة.

ليس مهمّاً ما ستفعله بي بعد أن تنقذني. المهمّ أن تصلك رسالتي قبل السابع من حزيران سنة ألفين وعشرين. لن يرضيك حتماً بعد حياتي الشّريفة التي قضّيتها؛ أطعم أسرة فقيرة وأدخل البهجة على قلوب أفرادها، أن أذكر في تاريخ القوارب باسم قارب موت.

أووه، كيف نسيت أن أعرّف بنفسي حتّى يسهل عليك التّعرّف عليّ؟ اعذرني، فإقامتي الطّويلة في الماء أثّرت عليّ أشدّ التّأثير.

اسمي"نجم البحر"، لوني أبيض وطولي ستّة أمتار، وأنا في ميناء قريب جدّاً منك.

الإمضاء:

قارب صيد.

هزائم غير معلنة

تكرهينها حدّ الرَّغبة في القتل، ولا تَرَيْن وجودها في حياتك غير باب ريح.

تتربّصين بها. تقصّين أجنحة كلماتها وتبترين أطرافها. تفعلين ذلك بلا سبب واضح في أغلب الأحيان.

يجنّ جنونك كلّما شاهدتها عاكفة على الكتابة. هي لا تخشى شيئاً كما تخشى الفقر اللّغوي. تقول لك دائماً:

ـ فقر الدّم أهون من فقر اللّغة.

تستهويك مخائلتها فتحرّضين اللّغة عليها. تستجيب لك اللّغة وترفض أن تتّسق في كلمات ذات دلالة، وتمعنين في إحباطها، فتحاولين إقناعها بأنّ كلّ الكلام الجميل قد قيل، وأنّ الشّطحات المدهشة قد سبقها إليها آخرون، وأنّ اختيار فعل الكتابة في هذا الزّمن المتأخّر صراع دونكيشوتيّ بامتياز، وتختمين قائلة:

ـ استهلكتم اللّغة حدّ الاستنزاف، فأنتم أكثر من شعر الرَّأس. دعوها وشأنها، لم يعد لديها ما تدهشكم به.

أنت تقولين لها ذلك منذ سنوات، لذلك هي لا تأخذ كلامك على محمل الجدّ.

تهرب من سلبيّتك إلى القطعة الموسيقيّة التي سجّلتْها على هاتفها لهذا الغرض، فهي تعتقد أنّك لن تقاومي معزوفة "الرّاعي الوحيد" لجورج زامفير، وستشردين معها في مفازة بكر حتماً.

تنصتين معها إلى المعزوفة. تستفزّك عندما تغمض عينيها وتطلق العنان لخيالها، فتستيقظ أحقادك القديمة، وتذكّرينها بطفولتها المهدورة في حقول القرية، بالأغنام التي تسبقها إلى الحقل وتنغمس في قضم العشب بشراهة وهي تراقبها بانتباه شديد، وتهشّ بالعصا على كلّ شاة تخوّل لها نفسها التّفكير في قضم غصن زيتون بالعشب، عندما يشحّ في أيّام الصّيف القائظة، فتصبح شجيرات الحقل القليلة هدف الأغنام الأشهى، فتركض خلفها في كلّ الاتّجاهات، فما تكاد تنقذ غصناً من أسنان شاة حتّى تهرع أخرى في الاتّجاه المعاكس؛ تقضم غصناً آخر، بأمنيتها الملحّة أن يتوقّف النّاس عن غراسة الزّيتون حتّى تصبح مهمّة الرّعي أسهل.

يدهشك أنّها لا تصغي إليك فتقرئين بصوت مرتفع ما تكتب:

ـ أنا الآن خفيفة وفارغة. أستطيع أن أتقمّص دور غبار الطّلع أو رائحة الخزامى، أو ربّما أختار أن أعوي كذئب وحيد.

يحزنك أنّك لن تنجحي في تشتيت انتباهها هذه المرّة أيضاً. تبحثين عن حلّ جذري، فتفتحين التّلفاز وتقحمينها في أخبار القتلى والجرحى وفي صور الأشلاء المطلّة من تحت الأنقاض.

تنتظرين انشغالها بمشاهدة شريط الأنباء وتتسلّلين إلى أوراقها، وتمزّقين كلَّ ما كتبت في لحظة حقد غير مسبوقة. تتفطّن إليك فلا تحقد عليك ولا تتوجّع، بل تتوجّع زيتونات الحقل وعصافير الدّوري وبقع الحبر.

تعييك الحيل، فتقرّرين التّخلّص منها وتنتظرين أن تسنح الفرصة، ثمّ تأتيك الفرصة على طبق من ذهب.

تسمعين ضجيجاً في أسفل البناية صباحاً، فتغادرين الغرفة كي تستطلعي الأمر. تصلك الأصوات المحتجّة عليها:

ـ إنّها مختلفة عن نسائنا، واختلافها مستفزّ.

ـ تقول إنّ نهاراتنا وقت مجفَّف.

ـ تدّعي أنّ اهتماماتنا سطحيّة وأحاديثنا جوفاء.

ـ وتسأل عن طائر يأتي في الظّلام كي يعاين الوجود.

لا تكفّ الاحتجاجات إلّا عندما يطلب أحد حكماء المدينة حلّاً للمشكلة.

فتتحمّسين وتدلين بدلوك:

ـ نطعنها بالخوف كما طعنّا بالأسئلة.

يفرح حكماء المدينة باقتراحك، وينصّبونك رقيبة على أحلام المارقات.

تلملمين نظراتك المنكسرة بعد ذلك، وتعودين إلى غرفتك دون أن تخبري أحداً أنّ المرأة التي طُعنت للتّو أنت.

فهرس